本研究受旅游业青年专家培养计划资助（2015年度）
北京第二外国语学院校级项目：旅游业多业态共生融合研究
文化部文化艺术基金：纵向-传承与变迁：城市庙会与文化遗产保护（编号：12DH40）
北京市社科基金："五位一体"框架下2022冬奥会对北京的影响研究（编号：18JDGLB012）
北京市教委面上一般项目：北京居民对国际大型赛事期望与感知变化研究——基于2008奥运会与2022冬奥会

| 旅游研究前沿书系 |

节事活动与旅游研究

许忠伟 / 著

用系统思维剖析节事活动
用实证方法分析节事活动

THE RESEARCH ON
FESTIVALS &
SPECIAL EVENTS
TOURISM

旅游教育出版社
·北京·

策　　划：赖春梅
责任编辑：陈　志

图书在版编目（CIP）数据

节事活动与旅游研究 / 许忠伟著. -- 北京：旅游教育出版社，2019.3
（旅游研究前沿书系）
ISBN 978-7-5637-3895-3

Ⅰ.①节… Ⅱ.①许… Ⅲ.①节日－文娱活动－关系－旅游业－研究－中国 Ⅳ.①G241.3②F592.3

中国版本图书馆CIP数据核字(2019)第032316号

旅游研究前沿书系
节事活动与旅游研究

许忠伟　著

出版单位	旅游教育出版社
地　　址	北京市朝阳区定福庄南里1号
邮　　编	100024
发行电话	（010）65778403　65728372　65767462（传真）
本社网址	www.tepcb.com
E - mail	tepfx@163.com
排版单位	北京旅教文化传播有限公司
印刷单位	北京虎彩文化传播有限公司
经销单位	新华书店
开　　本	710毫米×1000毫米　1/16
印　　张	10.5
字　　数	140千字
版　　次	2019年3月第1版
印　　次	2019年3月第1次印刷
定　　价	52.00元

（图书如有装订差错请与发行部联系）

前　言

节事（event）这种社会活动现象不仅历史久远，而且在生活中无处不在。从远古祭祀、帝王封禅到上元节、端午节等各类民俗节庆，再到与个人有关的生日聚会、婚礼庆典等都属于节事活动的范畴。

由于节事活动所含的外延属性差异比较大，给学者们从不同角度研究节事活动提供了机会，同时也让节事活动难以形成统一和公认的学术定义。笔者认为，节事活动是一种在一定时间、一定空间内举办的有大量人群聚集的非生产性活动。

本书探讨了节事活动与旅游之间的关系问题。一般认为节事活动可以成为旅游吸引物，从而丰富旅游产品。但是，与欣赏静态的自然景观、人文景观的游客相比，参与节事活动的游客其动机与影响满意的因素是否一样？是否一个公园樱花开了，就可以起一个"樱花节"当作节事活动？政府部门在打造地方标志性节事活动、推动当地知名度时，如何兼顾表里？对于这些问题，本书尝试着做一些回答。

通过研究，我们发现，节事活动对于游客而言是一个"场域"，这个"场域"提供了一种"非惯常"的体验。而"场域"的形成，除了节事活动组织者提供的各类活动外，更多的是游客自己的反应。

也就是说，节事活动的"场域"是游客们自己创造出来，又反馈于自己的感知中。基于此，游客在节事活动中的参与对其感知有非常明显的影响。对于节事活动的组织者而言，不仅应把游客当作客户，更要把节事游客作为活动的"建设者"，在节事活动中提高游客的参与，从而提高游客的满意度。在地方节事活动的举办上，因为节事活动的外部性，政府主办有合理的成分。但是不应仅仅把节事活动作为一个"噱头"，应该注意活动本身的内涵和参与者的体验，同时应该做好城市节事活动群的整体构建，做到节事活动成为丰富居民生活与城市营销的双赢。

在本书的写作中，研究生同学林月、严泽美、黄彬、曾玉文、冀欢、张芸和常青做了大量的调研、数据收集、整理和统稿工作。希望本书对节事活动的组织与运营能起到一定的参考价值。

目 录

第一章 节事活动研究述评 / 001
一、节事活动的界定与分类 / 002
二、我国节事活动的整体概况研究 / 004
三、节事活动的影响研究 / 005
四、节事活动的组织运营研究 / 006
五、节事活动相关利益者研究 / 008
六、节事活动组织中的问题 / 008
七、将来节事活动研究的方向 / 009
（一）节事活动如何市场化 / 009
（二）节事活动如何评价 / 009
（三）节事活动参与者的动机 / 010
（四）节事活动相关利益者研究 / 010
（五）节事活动对非旅游的影响 / 010

第二章 节事活动与旅游 / 015
一、节事活动概要 / 016
（一）节事活动的分类 / 017
（二）节事活动组织的特征 / 019
（三）国际著名节事活动巡礼 / 021
（四）案例：世界著名节事活动简介 / 023
二、节事活动与旅游 / 023
（一）节事活动对旅游目的地的直接影响 / 024
（二）节事活动对旅游目的地的间接影响 / 026

（三）节事活动对旅游目的地的负面影响 / 027

（四）案例：北京奥运对北京旅游的影响 / 027

第三章 节事活动游客动机 / 033

一、引言 / 034

二、节事参与动机基础理论 / 034

三、节事动机研究方法 / 036

四、节事动机维度研究 / 036

五、节事动机与其他影响因素关系的研究 / 039

（一）与人口统计特征关系的研究 / 039

（二）与节事活动类型关系的研究 / 041

（三）跨文化比较研究 / 041

（四）与行为关系的研究 / 042

六、结论与展望 / 043

第四章 节事活动的游客参与与满意度的关系 / 051

一、引言 / 052

（一）研究背景 / 052

（二）研究思路和方法 / 053

二、相关文献综述 / 054

（一）体验经济 / 054

（二）期望与满意度 / 055

（三）期望、参与和体验效用 / 056

（四）皮革马利翁效应 / 056

（五）节事活动参与研究 / 057

（六）节事活动体验研究 / 058

（七）节事活动满意度影响因素 / 058

（八）文献评述 / 060

三、模型的构建和假设的提出 / 060

四、变量测量 / 062

（一）期望 / 062

（二）参与 / 063
　　（三）体验效用 / 063
　　（四）满意度 / 064
五、数据获取与分析 / 065
　　（一）数据获取 / 065
　　（二）样本描述统计 / 065
　　（三）探索性因子分析 / 066
　　（四）样本均值分析 / 071
　　（五）拟合指标的选择 / 075
　　（六）验证性因子分析 / 075
六、假设检验与结果分析 / 077
　　（一）模型检验 / 077
　　（二）假设检验 / 079
　　（三）结果分析 / 080
七、结论与展望 / 081
　　（一）理论意义与启示 / 081
　　（二）对策建议 / 082
　　（三）研究局限与展望 / 083

第五章　节事活动营造的"场" / 089

一、绪论 / 090
　　（一）研究背景和目的 / 090
　　（二）研究现状和文献综述 / 091
二、基于场域理论对节事活动的思考 / 093
　　（一）相关概念 / 093
　　（二）相关理论 / 095
三、从"场论"审视游客的缔造者身份 / 100
　　（一）对游客的话语分析 / 100
　　（二）研究方法 / 103
　　（三）研究过程 / 105
四、节事活动产品的重构研究 / 107

（一）节事活动产品的内容重构 / 107
　　（二）节事活动产品的模式重构 / 110
　五、游客在节事活动中的双重身份探析 / 112
　　（一）游客具有凝视与被凝视的双重身份 / 112
　　（二）游客凝视内容的分析 / 113
　六、结论与不足 / 118

第六章　节事活动的经济外部性问题 / 123

　一、引言 / 124
　二、节事活动和经济影响的概念 / 124
　三、国内外研究的相关内容 / 125
　　（一）对整体经济总量的影响 / 126
　　（二）对产业结构的影响 / 129
　　（三）对城市就业的影响 / 134
　　（四）对举办地税收产生的影响 / 134
　　（五）对城市基础设施建设产生的影响 / 135
　　（六）对城市综合竞争力的影响 / 137
　　（七）对城市产生的其他经济影响 / 138
　四、会展业对城市经济影响内容的研究框架 / 138
　五、总结 / 139

第七章　旅游目的地节事活动管理 / 147

　一、节事活动的运作模式 / 148
　　（一）政府主办模式 / 148
　　（二）部门主办模式 / 149
　　（三）政府引导、社会参与、市场化运作相结合的模式 / 149
　　（四）市场化运作模式 / 149
　二、节事活动的利益相关者 / 150
　　（一）当地政府利益预期 / 151
　　（二）旅游者利益预期 / 151
　　（三）当地社区利益预期 / 151

（四）赞助企业的利益预期 / 152

三、节事活动组织的基本原理 / 153

 （一）整体性原理 / 153

 （二）动态性原理 / 153

 （三）开放性原理 / 153

 （四）环境适应性原理 / 154

 （五）空间辐射性原理 / 154

 （六）时效性原理 / 154

四、节事活动策划设计的基本原则 / 155

 （一）特色化原则 / 155

 （二）主题化原则 / 155

 （三）大众化原则 / 155

 （四）市场化原则 / 156

 （五）产业化原则 / 156

 （六）效益化原则 / 157

 （七）固定化原则 / 157

 （八）系列化与品牌化原则 / 157

第一章 节事活动研究述评

近年来我国各类节事活动数量不断增加，根据不完全统计，目前中国每年的节事节庆项目达5600多个。关于节事活动的研究也越来越多，不同学者从不同的角度对节事活动的定义、影响、组织实施、与社区的关系等问题进行了阐述，有力地推动了我国节事活动的发展。通过对节事活动研究的综评，不仅可以观察我国节事活动研究的现状、特点、进展和学术动态，而且还可以发现将来需要进一步探讨的学术问题。已有学者如黄翔（2006）、余青（2005）曾做过类似的综述，近年来我国节事活动蓬勃发展，大量新的文献不断出现，需要对新的文献进行述评。

本文的主要文献来自中国全文期刊数据库，以"节庆""节事"为关键词或篇名搜索数据库得到。这些论文主要集中在社会科学、经济学与管理学两类。在通览所有文献后，本文选择了其中有代表性的44篇做出述评，以期反映目前节事活动研究的特点和进展。

一、节事活动的界定与分类

目前我国学者在研究节事活动时，经常使用"节事""节事活动""节事旅游""事件旅游""节日活动""节庆活动"和"旅游节庆"等概念。许多学者对节事活动及相关的概念作了界定。

吴必虎（2001）认为广义的旅游节庆等同于旅游节事，狭义的旅游节庆是指周期性举办的（一般1年1次）节日等活动，不包括各种交易会、展览会、博览会、文化体育等一次性结束的特殊事件。罗秋菊（2002）认为事件旅游专指以各种节日、盛事的庆祝和举办为核心吸引力的一种特殊旅游形式。蒋三庚（2002）指出，节事旅游是指具有特定主题、规模不一、在特定时间和特定区域内定期或不定期举办的、能吸引区域内外大量游客参与的集会活动。吴书锋（2003）等认为，大型事件旅游是指以大型事件为依托的，针对大型事件的参与者及观赏者提供的旅游相关服务形式。余青等（2004）认为节事活动是以某一地区的地方特性、文脉和发展战略为基础举办的一系列活动或事件,形式包括节日、庆典、展览会、交易会、博览会、会议,以及各种文化、体育等具有特色的活动。刘俊(2004)把节庆定义为一个地区的标志性事件,即依托目的地社区的社会经济、历史文化、风俗民情等方面的独特资源,加以整合包装,能够产生具有目的地标志性的独特形象和吸引力,在相对固定的时间、地点重复举办的事件旅游活动。杨兴柱、陆林(2005)认为,大型旅游事件是以举办地综合实力为基础,在政府积极配合、媒体高度关注、公众主动参与的前提下,围绕特定主题开展的大型活动,其主要目的是展示城市良好的形象,增加其吸引力和提高其经济收入。辛应康、楼嘉军等(2005)认为,节事旅游是指依托某一项或某一系列旅游资源,通过开展丰富的、开放性强与参与性强的各项活动,以吸引大量受众参与为基本原则,以活动带动一系列旅游消费进而带动地方经济增长为最终目的的所有活动总和。季群华(2006)认为节庆是指那些可以作为旅游吸引物,从民族文化、民间节日、当地特色发展起来的,能够吸引大量旅游者和公众前来的大型节日庆典活动。戴光全等(2003)对节事的定义:西方学界常常把节日(festival)和特殊事件(special event)合在一起作为一个整体来进行研究,称为"节事",英文简称为FSE(Festival & Special Event)。这个定义目前被越来越多学者(如黄翔,2006;张广海,2008;马聪铃,2008)所接受。

综上可见,学术界对节事活动的一些基本概念的界定,还存在着一些分歧。总体来说,目前的学界对节事活动的界定,可以归纳为借助当地历史、文化或经济资源而组织的一次性或重复举办的,主要目的在于加强外界对旅游目的地的认同,增加其吸引力、提高其经济收入的活动。其特征有:经济性,通过节事活动提高举办地的知名度,增加旅游收入,增强基础设施建设;群众性,节事活动组织的全过程有当地居民的参加;文化性,节事是当地群众参与的活动,是当地文脉展示的舞台,独特的文化资源是节事活动举办的基础;独特性,即使是每年重复举办的节事活动由于经济环境、举办者、特殊事件等的变化,每次节事活动都不会相同,都是唯一的;一次性,节事活动是必须完成的、临时的、一次性的、有始有终的一组任务,这是区别于其他常规"活动和任务"的关键特征,在节事活动结束后,节事活动的工作人员要回到原来的工作岗位,节事活动所剩下的资产要用作他用。

在节事活动分类上,张彬彬(2002)把节事活动分为博览展会型、文体赛事型、节庆活动型和商务会议型。石玉凤（2002）把节庆活动分为四类：政治类节庆活动、传统民俗节庆活动、传统地方民俗文化节庆活动和地方特色文化节庆活动。吉文桥（2003）以"命名物"为分类标准，把经济性节庆分为工业产品节、物产节、自然景观节、人文景观节、历史文化节、生产活动节、休闲娱乐节7类。蔡晓梅（2003）把节事活动分为传统节庆型、商务型、博览型和体育型。余青、吴必虎等（2004）把城市节事活动分为8类：自然景观型、历史文化型、民俗风情型、物产餐饮型、博览会展型、运动休闲型、娱乐游憩型和综合型。甄丽君、王严根（2005）以主题为划分标准，把节事活动分为4类：自然景观类、宗教仪式或庆典类、文化交流类和特色物产类。学者们对节事活动的分类不尽相同，是由于他们的研究角度和研究问题不同所致。

二、我国节事活动的整体概况研究

张彬彬（2002）通过对比我国东西部城市节事活动发现，东部城市事件旅游节庆络绎不绝，西部稀疏松散；东部城市事件旅游节庆以大规模为主，西部以中小型为主；东部城市事件旅游节庆全而广，西部凸显特色；东部城市事件旅游节庆效益显著，西部差强人意。余青、吴必虎等（2004）对我国全国节事活动的发展概貌进行整理，发现目前城市节事表现为数量、类型多而举办历史短，政府干预多而市场作用发挥不足，主题重复及与文化、经济结合不紧密，公众参与不够理想，节事活动运作模式多样化等特点。马聪铃（2008）发现我国节事活动在空间分布上集中在"长三角""珠三角"和"环渤海"经济圈，在时间分布上集中在4月、8月和9月。

对我国节事活动整体运营状况的研究并不是很多，原因在于节事活动的类型比较多，收集数据比较困难。另外我国每年举办的节事活动数量众多，75%以上的县（市）定期举办自己的节庆（吉文桥，2003）。节事活动的唯一性和独特性让用抽样调查方法研究我国节事整体状况受到制约。从目前研究结果分析，节事活动与经济发展呈正相关，经济状况越好，节事活动越多。这也和每年旅游统计年鉴的数据是相吻合的。

三、节事活动的影响研究

罗秋菊(2003)以历届奥运会和2002年韩国世界杯足球赛为实例,简要分析世界大型事件活动对举办国旅游业发展的影响及对中国的启示。周常春等(2005)用问卷调查的方法,研究了'99世博会对昆明的影响,发现'99世博会只对游客的出游选择具有辅助性的拉动力,而不会成为决定性的决策因素。目的地区域的传统特色仍然是游客作出旅游决策的主导因素。张丽(2005)指出旅游事件的需求峰聚效应使旅游目的地的住宿、旅游交通需求呈现集中性增长。季群华(2006)认为旅游节庆对旅游城市目的地形象建设有积极的推动作用。郑辽吉(2006)通过文献分析,结合丹东鸭绿江国际旅游节案例分析,讨论了利益主体与节事产业化之间存在的相互作用的关系。何伟(2006)以"中国龙虾节"为案例,说明节事活动对当地经济有明显的促进作用。王富德等(2006)以"平遥国际摄影大展"为研究对象,用案例研究方法讨论了平遥国际摄影大展对当地的影响。作者在分析连续5届摄影展的活动主题、参展国家、参展数量、游客人数、主要活动内容和门票收入等背景的基础上,指出摄影大赛的举办对当经济、社会文化、民风民俗、古城保护、旅游业发展、城市知名度和客源市场促销有积极影响。同时作者认为大赛也存在对社区权利的忽视,大赛的举办对当地文化原真性、环境、交通和物价存在负面影响。戴光全等(2007)通过分析昆明'99世博会前后节庆活动的发展对旅游业带来的影响,研究了昆明城市节庆活动的整合和可持续发展问题。杨鹛(2007)研究了2006年广东旅游文化节期间,节庆活动对主会场深圳酒店业的影响。陈方英等(2009)认为泰安市东岳庙会在城市旅游和社会发展方面的作用还没有充分体现出来。齐莉娜等(2009)用互联网链接变化的数据对北京市32个4A和5A级景区网站进行分析,发现重大事件能够改变举办地景区网站入链数正常的增长模式。

节事活动对举办地有直接的经济影响和间接的品牌影响,其最终贡献率往往难以监测和统计。节事活动影响的结论大都是理论的推演,而非计量分析的结果。研究中学者普遍认为,成功的节事活动扮演的角色是:作为促进举办地发展的动力,可以强化地方意识;作为城市形象的塑造者,提升城市声誉;作为城市旅游吸引物,构成旅游产品体系的有机组成部分;作为提升旅游吸引物和城市目的地地位的催化剂,拉动地方基础设施建设。同时,研究者还注意到节事活动对举办地居民的负面影响,在节事活动举办期间,交通、物价给居民生活带来不便。

四、节事活动的组织运营研究

史铁华等(2001)以上海为例,认为旅游节庆作为一种动态的文化旅游吸引物,应该作为独立的旅游产品来经营。规范化、市场化、产业化是旅游节庆的必由之路。蔡晓梅(2003)通过网络关键词检索的方法,确定广州城市形象,并探讨广州城市形象与节事活动主题的关系。周永广(2005)通过对日本节庆活动的分析,提出我国必须摒弃"政府主导,企业参与""旅游搭台,经贸唱戏"等陈腐思路,只有通过政府主导、企业营销、民众参与,进行有独创性的策划,节庆活动才能真正得到市民和市场的认同。李真燕等(2005)在分析了政府主导模式下青岛国际啤酒节的诸多不足的基础上,提出引入"政府、民营合作制"模式,组建啤酒节产业公司,并明确政府与公司的责权利,从而实现青岛国际啤酒节的产业化的设想。辜应康等(2005)以上海节庆活动的组织为例,探讨当前我国节事旅游市场化运作必要性和运作模式。季群华(2006)对举办节事是否要"无中生有"和政府在节庆活动中扮演的角色等问题进行了讨论。何伟(2006)指出成功的节事活动要立足特色、要市场化运作、要精心营造氛围、要有广泛参与性。张晓燕(2006)以飞机再次穿越张家界天门洞的具体实例为出发点,指出景区事件营销要找准景区事件营销创新的切入点,注重声誉机制的约束作用和旅游企业家才能的发挥,要考虑游客利益和社会责任。郑辽吉等(2007)认为,成功的城市节事活动为社区居民和游客创造真实性的体验"场景",提供丰富的"剧情",提供自主参与的、值得持续回忆的体验性"产品"。戴光全等(2007)提出CSD节事开发框架,指出发挥节事长期效应的基本策略包括:节事规模的等级化、节事类型的多样化、节事时间的持续化。并认为对节庆活动进行整合可以实现城市节庆活动的可持续发展,从而促进城市作为旅游目的地的品牌化进程。孔旭红等（2007）以河北省旅游节庆活动为例，分析了旅游节庆与文化产业建设之间的关系。李绍刚（2007）在讨论了1984年美国路易斯安那州新奥尔良举办的世界博览会的得失及对城市的影响后，对我国上海世博会提出建议。曾杰丽等（2008）以广西蚂拐节为例，对民族节庆文化产业旅游开发途径进行探析。冯英杰等（2008）以南京市为例，探讨了组织节事活动全过程中，节事活动场地内部、外部交通管理措施。李玉臻（2009）以四川凉山彝族火把节的两次转型为研究对象，指出通过政府主导、市场化运行的民族节事活动的举办，可以做到民族文化与民族经济的有效嵌合，使民族传统文化得以传承和发展。唐艳艳（2009）在对安徽省全椒县旅游资源综合考察的基础上，提出该地节事活动策划中应坚持保护与开发相结合和凸显社会文化教育两大原则。韩晨（2009）提出节庆活动的举办要增强目的地居民的主题文化认同，促进居民参与，重视社区的形成与社区组织的建设。韩晨（2009）通过对广元"女儿节"的运作的研究，提出要破除政府包办节庆的陈腐模式，改变"轻文化，重商贸"的旧观念。要注重民间力量在主题文化展示中的文化角色作用，使节庆逐渐走向"政府引导，市场运作，民众参与"的新模式。陈方英等（2009）认为节事应凸显当地文化性和地方性，应正确发挥政府的主导作用，应提高民众的参与性。

节事活动的运营管理是节事活动研究最多的一个领域。在研究节事活动的运营管理时，研究者大多使用了个案研究的方法，对某地节事活动进行了具体的分析。学者们对于节事活动如何运营目前比较一致的看法是：①节事活动要面向市场。节事策划过程需要面向市场，节事产品设计需要针对市场，节事品牌创立必须依赖市场，节事活动组织过程需要市场。要把节事活动作为一项独立的产品推向市场，要形成"以节事养节事"的良性循环发展模式。②节事活动要面向大众。许多节事个案研究说明如果把节事变成"政府秀"，只注重节事活动的经贸功能，不仅不利于节事的发展，而且招商引资的效果也不太理想。③节事活动要有独特性。节事活动只有契合举办地的历史、文化和经济特点，才能在众多节事中脱颖而出，建立自己的品牌。④节事活动要规范化操作。节庆活动虽然是一种动态的吸引物，但又必须在动态中寻求某种确定性和规范性。要通过规范操作改变节事活动运营管理上的随意性。⑤政府的引导作用。目前节事活动还带有一定的公益性质的现状，使节事活动完全走市场化运作的模式还行不通，"政府引导，企业承办，市场运作"是一种比较符合我国国情、较理想的模式。

五、节事活动相关利益者研究

张涛等（2008）通过因子分析法，提炼出节事消费者感知价值的6个维度：便利价值、服务价值、感知价值、美感价值、玩乐价值和社会价值。李玉臻（2009）对凉山彝族火把节游客的期望和感知进行了调查、统计和分析。研究发现，现代民族节庆旅游中的游客需求呈现一种趋势，即文化探求、休闲娱乐、参与体验等特征日益显著。孙瑞红等（2009）以调研问卷的方式了解上海居民对休闲类节事活动的参与状况，发现居民参与的积极性不高，63%的被调查者并不是很了解上海的旅游节事活动，65%的被调查者不知道上海的旅游节事活动什么时候开展。宋振春等（2008）通过因子分析法和方差分析法研究了泰安市市民对于泰山国际登山节和东岳庙会影响的认知差异。研究表明庙会的主要正面感知是社会文化和形象利益，而国际登山节则是形象和社会文化利益。政府支持和参与的力度对于节事的效果至关重要。王春雷（2009）通过对上海居民的调研，发现市民对世博会的参与是非常有限的，并提出了参与制度、参与领域、参与途径、参与保障、参与评价不断反馈的公众全过程参与重大事件的模型。

在节事活动相关利益者的研究中，研究者的焦点集中在节事活动的参与者和节事举办地的居民上，而对节事举办者和参与的企业关注度不够。在研究方法上，大部分采用问卷调查法，这可能与研究数据相对容易收集有关。而目前对于人们为什么要参加节事活动、什么因素影响举办地居民对节事活动的感知等基础问题的研究还不够深入。

六、节事活动组织中的问题

吉文桥（2003）指出目前我国节事活动大量"夭折"的原因是：特色不鲜明，缺乏创新意识；官办色彩太浓，缺乏群众基础；华而不实，财力不胜；节庆市场管理无序，缺少科学规划。季群华（2006）指出我国目前出现了

"节庆热"现象，很多节庆盲目上马，结果导致失败。王富德等（2006）认为国际摄影大赛也存在对社区权利的忽视的问题。李玉臻（2009）发现游客对火把节的民族特色的满意度并不高，指出民族特色的缺失将导致民族节庆旅游未来的坍塌。宋振春等（2008）在对泰山国际登山节和东岳庙会调研后，指出节事对民众的需求和利益考虑很少，没有采取必要的措施。韩晨（2009）发现民众对"女儿节"的参与度有所降低。陈方英等（2009）通过问卷调查和个别访谈的方法就泰安市居民对东岳庙会的感知和态度进行了研究，结果表明，居民对庙会在社会文化、经济方面的正面影响感知强烈，但满意度并不高。

虽然我国节事活动数量巨大，但是许多研究文献也指出了节事组织中存在的问题，可以归纳为：盲目办节，脱离当地的实际带来巨大浪费；没有发挥市场的作用；"自娱自乐"，脱离群众；大众参与性不强，满意度低；节事活动走向庸俗化，缺乏文化内涵，没有自己的特色；欠缺规范性，活动内容缺乏连贯性、一致性。

七、将来节事活动研究的方向

中国节事活动研究经过迅速的发展，已经取得了一定的成绩。实践的发展，往往对理论研究提出新的问题，这些问题将成为将来的研究方向。

（一）节事活动如何市场化

学者们普遍认为市场化运作是节事活动将来的组织方式，未来节事市场如何培育、节事运营主体如何培养、节事活动产业链的互动关系、节事活动发展需要什么样的政策法律环境、政府应该与节事运营主体之间建立怎样的关系等一系列问题还需要深入研究。

（二）节事活动如何评价

节事活动的评价体系的建立不仅可以为具体节事活动的运营提供明确的方向，使节事活动的组织更有效率，还可以为节事活动的运营建立反馈机制，推动节事活动组织长足进步。目前，这方面的研究还比较缺乏。

（三）节事活动参与者的动机

这是节事活动组织的一个根本问题，也是节事活动市场化运营的前提问题。由于节事活动的独特性，不同的节事活动吸引的参与者必定不同。节事活动一般时间比较短，参与者参加短期活动的动机与长时间（24小时以上）旅游的动机可能会不同。研究节事参与者的旅游动机将有助于建立游客长期和短期旅游动机的统一模型。

（四）节事活动相关利益者研究

随着节事活动产业化的深入，实践必然提出对节事活动相关利益者之间的合作博弈问题研究的需要。产业不会满足一般的概念模型，而是需要具体的计量模型。

（五）节事活动对非旅游的影响

目前节事活动的研究大部分集中在从旅游或经济的角度来分析。而实际上，节事活动在社会学意义上，"它还扮演着社区构建、文化传承、民族认同等角色，旅游只是节事活动的辅助功能"（Getz，2008）。从社会学的角度研究节事活动，将会开辟一片研究领域的"蓝海"。

此外，节事活动研究还应该借鉴相关学科研究的概念、理论、原理与研究方法，减少主观判断和经验估计，使节事活动的研究更加深入。

参考文献

［1］Donald Getz. Event tourism: Definition, evolution, and research［J］. Tourism Management，2008（29）：403-428.

［2］王富德，刘娇月."平遥国际摄影大展"旅游影响探析［J］.北京第二外国语学院学报，2006（7）：75-79.

［3］戴光全，保继刚.城市节庆活动的整合与可持续发展——以昆明市为例［J］.地域研究与开发，2007，26（4）：58-61.

［4］陈方英.城市旅游地居民对传统节事的感知及态度——以泰安市东岳庙会为例［J］.城市问题，2009（6）：60-65.

［5］李玉臻.从边缘到中心：旅游背景下民族传统节日转型研究——以四川凉山彝族火把节为例［J］.学术论坛，2009（2）：90-94.

[6] 周常春, 戴光全. 大型活动的形象影响研究——以99昆明世博会为例[J]. 人文地理, 2005（2）: 38-42.

[7] 史铁华, 何玲. 关于旅游节庆市场化运作的思考[J]. 旅游科学, 2001（1）: 5-9.

[8] 李玉臻. 基于游客期望和感知的民族节庆旅游研究——以凉山彝族火把节为例[J]. 北方民族大学学报（哲学社会科学版）, 2009（1）: 74-79.

[9] 辜应康, 楼嘉军, 唐秀丽. 节事旅游市场化运作研究——以上海旅游节为例[J]. 北京第二外国语学院学报, 2005（3）: 105-110.

[10] 张涛, 贾生华. 节事消费者感知价值的维度和测量研究[J]. 旅游学刊, 2008, 23（5）: 74-78.

[11] 郑辽吉. 利益主体管理与节事产业化研究[J]. 社会科学家, 2006（6）: 120-123.

[12] 宋振春, 陈方英. 两种类型旅游节事居民感知的比较研究——对泰安泰山国际登山节和东岳庙会的问卷调查[J]. 旅游学刊, 2008, 23（12）: 63-69.

[13] 杨鹏. 大型节事活动对举办地饭店业的影响——以深圳举办广东国际旅游节为例[J]. 特区经济, 2007（12）: 160-161.

[14] 韩晨. 论旅游节庆主题文化的魅力释放——以四川广元市"女儿节"为例[J]. 经营管理者, 2009（9）: 298-299.

[15] 孔旭红, 辛儒. 论区域旅游节庆活动与文化产业建设[J]. 河北学刊, 2007, 27（5）: 243-246.

[16] 冯英杰, 周年兴. 旅游地举办节事活动时的交通管理措施初探——以南京市为例[J]. 科技经济市场, 2008（8）.

[17] 季群华, 许欣, 朱睿. 旅游节庆对旅游城市目的形象建设的推动作用[J]. 经济地理, 2006（26）.

[18] 张晓燕. 旅游景区事件营销误区透析——以飞机再次穿越天门洞为例[J]. 旅游学刊, 2006, 21（8）: 30-33.

[19] 张丽, 郭英之. 重大事件的旅游效应分析及营销策略[J]. 商业研究, 2005（18）: 170-172.

[20] 余青, 吴必虎, 殷平. 中国城市节事活动的开发与管理[J]. 地理学报, 2004, 23（6）: 845-854.

[21] 唐艳艳. 民俗型旅游节事活动探讨——以安徽省全椒县非物质文化遗产为例[J]. 资源开发与市场, 2009, 25（4）: 381-384.

[22] 李真燕, 孙继国, 郭明. 青岛国际啤酒节产业化道路探析[J]. 北京第二外国语学院学报, 2005（1）: 85-89.

[23] 张广海, 刘佳. 青岛国际啤酒节与旅游产业发展的关联互动研究[J]. 改革与战略, 2008, 24 (7): 121-124.

[24] 周永广. 日本节庆活动对我国旅游节庆开发的启示[J]. 旅游学刊, 2005, 20 (2): 66-69.

[25] 孙瑞红, 叶欣梁. 上海市居民对休闲类节事活动的参与度研究[J]. 上海应用技术学院学报, 2009, 9 (1): 158-162.

[26] 罗秋菊. 事件旅游研究初探[J]. 江西社会科学, 2002 (9): 218-219.

[27] 李绍刚. 事件旅游影响及对我国的启示——以1984年美国新奥尔良世界博览会为例[J]. 商业研究, 2007 (366): 192-196.

[28] 罗秋菊. 世界大型事件活动对旅游业的影响及对中国的启示——以历届奥运会和韩国世界杯为例[J]. 商业研究, 2003 (11): 150-153.

[29] 余青, 吴必虎, 殷平, 童碧沙, 廉华. 中国城市节事活动的开发与管理[J]. 地理研究, 2004, 23 (6): 845-855.

[30] 戴光全, 保继刚. 西方事件及事件旅游研究的概念、内容、方法与启发 (上) [J]. 旅游学刊, 2003 (5): 24-26.

[31] 戴光全, 保继刚. 西方事件及事件旅游研究的概念、内容、方法与启发 (下) [J]. 旅游学刊, 2003 (6): 111-120.

[32] 吉文桥. 关于节庆经济的思考[J]. 学海, 2003 (2): 53-60.

[33] 庄志民, 赵睿. 系统视野中上海节庆旅游资源的开发[J]. 旅游科学, 2000 (4): 27-29.

[34] 吴必虎. 区域旅游规划原理[M]. 北京: 中国旅游出版社, 2001: 265-267.

[35] 黄翔, 连建功. 中国节庆旅游研究进展[J]. 旅游科学, 2006, 20 (1): 45-49.

[36] 齐莉娜, 张毅, 吴必虎, 宋丽丽. 重大事件对举办地景区知名度影响测量研究[J]. 北京大学学报 (自然科学版), 2009, 45 (6): 1061-1067.

[37] 王春雷. 重大事件公众参与的有效管理模型研究[J]. 旅游学刊, 2009, 24 (3): 90-96.

[38] 何伟. "中国龙虾节"对盱眙经济的发展和启示[J]. 江苏商论, 2006 (3): 33-35.

[39] 吉文桥. 关于"节庆经济"的思考[J]. 学海, 2003 (2): 53-60.

[40] 郑辽吉, 刘惠清. 城市节事可持续发展的体验视角[J]. 甘肃社会科学, 2007 (4): 246-249.

［41］蔡晓梅.城市旅游形象分析方法在节事活动主题定位中的应用［J］.社会科学家，2003（101）：100-104.

［42］张彬彬.城市事件旅游活动的地域差异［J］.旅游科学，2003（4）：35-37.

［43］杨兴柱，陆林.大型节事旅游基本特征及发展对策的初步研究［J］.人文地理，2005（2）：47-52.

［44］曾杰丽，罗敏.从文化产业开发的角度探析民族节庆旅游运作［J］.社会科学家，2008（6）：108-110.

［45］石玉凤，单博.对节庆活动文化与经济内涵的思考［J］.科技进步与对策，2001（2）：64-65.

［46］甄丽君，王严根.关于节事旅游的思考［J］.华东经济管理，2005，19（2）：115-117.

［47］余青，吴必虎.中国节事活动开发与管理研究综述［J］.人文地理，2005（6）：56-59.

［48］蒋三庚.旅游策划［M］.北京：首都经济贸易大学出版社，2002：122.

［49］马聪铃.中国节事旅游研究［M］.北京：中国旅游出版社，2008：1.

［50］吴书锋，罗秋菊，蒋文晖.大型事件旅游的开发与管理研究［J］.江西财经大学学报，2003（6）：87-90.

第二章 节事活动与旅游

一、节事活动概要

人类活动具有社会属性，人们常常因为公众事务或私人原因聚集在一起。节事活动就是人们为了一定的目的，在时间与空间聚集的活动。

"节"意为"节日"，如"春节""清明节""国庆节""重阳节"等，人们在节日里举行庆祝纪念活动，或走亲访友。"事"意为"事情"，事有大有小，大事则关注者多，参与者众，影响大。无论是"节"还是"事"总会引起或大或小社会的重视和人员的流动。

将"节"和"事"放在一起，组成一个词语"节事"，则是近年出现的。这个词主要流行于旅游界。节事是节日（Festivals）与特殊事件（Special Events）的总称。

那么什么是节事活动呢？美国学者盖茨（Getz，1990）对节事活动下了定义：一次特殊的节事确认了一个与众不同的瞬间，它是为满足某些具体需要，与典礼和仪式一起进行。它是一次休闲、社交或文化体验的机会，这些活动在正常选择范围以外或超越了日常的体验。

盖茨（Getz）把节事确定为"特殊的"、"独特的"，而且是"超越日常体验"的活动，这样就立刻将这些活动与其他更为日常的活动分离开，并以此概念把其他活动区分开。该定义把节事活动看作一个产品，是"了不起"的创作，是唯一的、特殊的瞬间或体验的某一事物。把这些典礼、仪式、需求和体验融为一体，意味着节事活动既包含了实体元素又包括了心理元素。这点已经被学者们认同，他们认为节事活动是被认可的、满足人们一种需求的场合，它创造了一个充分体验某种事物的机会。

国内学者蒋三庚（2002）指出节事旅游是指具有特定主题、规模不一、在特定时间和特定区域内定期或不定期举办的、能吸引区域内外大量游客和居民参与的集会活动。余青等（2004）认为节事活动是以某一地区的地方特性、文脉和发展战略为基础举办的一系列活动或事件，形式包括节日、庆典、展览会、交易会、博览会、会议，以及各种文化、体育等具有特色的活动。

总体来说，目前的学界对节事活动的界定，可以归纳为借助当地历史、文化或经济资源而组织的一次性或重复举办的、主要目的在于加强外界对旅游目的地的认同、增加其吸引力、提高其经济收入的活动。其特征有：经济性，通过节事活动提高举办地的知名度，增加旅游收入，增强基础设施建设。群众性，节事活动组织的全过程有当地居民的参加。文化性，节事是当地群众参与的活动，是当地文脉展示的舞台，独特的文化资源是节事活动举办的基础。独特性，即使是每年重复举办的节事活动由于经济环境、举办者、特殊事件等因素的变化，每次节事活动都不会相同。一次性，节事活动是必须完成的、临时的、一次性的、有始有终的一组任务。这是区别于其他常规"活动和任务"的关键特征。节事活动的组织机构是临时性的，因此，在节事活动结束后，节事活动的工作人员要回到原来的工作岗位，节事中所剩资产要做处置，改作他用。

（一）节事活动的分类

为了深入认识节事活动，更有效地满足游客的需求，有必要对节事活动类型进行划分。

1. 根据节事活动的规模和影响分类

按规模和影响可以把节事活动分为三类。

标志性节事活动：节事活动规模大，档次高，每年（或几年）举办一次。以弘扬目的地传统文化、促进地方经济建设、推动国际交流为目的。具有强烈的眼球效应，能够引起国内外媒体广泛的关注，可以迅速提高举办地的国际知名度。在运作上，这类节事活动以全世界为客源市场。如北京奥运会、上海世博会等就是此类标志性节事活动。

大型节事活动：节事活动规模比较大，以高档、中档为主，兼顾低档。可以促进目的地经济文化建设，推动地区间交流。具有较强的眼球效应，能吸引国内媒体的广泛关注，可以较快提高目的地在国内的知名度。在运作上，这类节事活动以世界内的特定游客和全国为客源市场。如南宁国际民歌节、国际孔子文化节、潍坊国际风筝节等。

小型节事活动：这类节事活动规模比较小，以中档为主，兼顾低档和大众。主要目的是为了丰富当地居民的生活，拓展目的地的旅游内容。其客源市场是当地居民和国内特定游客。如北京大兴西瓜节、圆明园荷花节、香山红叶节等。

2. 根据节事活动的主体和目的分类

按节事活动主体和节事目的的不同可以把节事活动分为八类。

▲**文化庆典类**：包括节日、嘉年华、宗教活动、游行、文化遗产和庆祝。

▲**艺术、娱乐类**：包括音乐会、各类表演、展览和颁奖礼。

▲**商业贸易类**：包括展销会、集会、销售会、消费品和贸易展示会、博览会、会议和公众活动。

▲**体育竞技类**：包括专业竞技和业余竞技。

▲**教育和科学类**：包括讲座、研讨会、代表大会和说明会。

▲**娱乐类**：包括游戏和体育。

▲**政治/国家类**：包括就职典礼、授职仪式、VIP访问和舞会。

▲**私人活动类**：包括庆祝人生新阶段的活动、纪念日和社会活动。

3. 根据节事活动的吸引物分类

表 2-1　节事活动旅游吸引物分类表

节事活动类型	典型节事活动主要特征	典型节事活动
自然景观型	以当地自然地理景观（独特气象、地质地貌、植被、特殊地理风貌、典型地理标志地、地理位置）为依托，综合展示城市旅游资源、风土人情、社会风貌等的节事活动	中国哈尔滨国际冰雪节、张家界国际森林节、中国吉林雾凇冰雪节
历史文化型	依托当地文脉和历史传承的景观、独特的地域文化、宗教活动等而开展的节事活动	杭州运河文化节、天水伏羲文化节、曲阜国际孔子文化节
民俗风情型	以各民族独特的民俗风情和生活方式为主题（民族艺术、风情习俗、康体运动等）的节事活动	傣族泼水节、南宁国际民歌艺术节、中国潍坊国际风筝节
物产餐饮型	以地方特产、特色商品及本地餐饮文化为主题，辅以其他相关的参观、表演等而开展的节事活动	大连国际服装节、菏泽国际牡丹节、中国青岛国际啤酒节
博览会展型	依托城市优越的经济地理条件，以博（展）览会、交易会为形式，辅以其他相关的参观、研讨和表演等而开展的节事活动	昆明世界园艺博览会、杭州西湖博览会、中国国内旅游交易会

续表

节事活动类型	典型节事活动主要特征	典型节事活动
运动休闲型	以各种大型的体育赛事、竞技活动为形式，辅以其他相关的参观、表演等而开展的节事活动	奥运会、亚运会、全运会、中国银川国际摩托旅游节
娱乐游憩型	以现代娱乐文化和休闲游憩活动为形式，辅以其他相关的参观、表演等而开展的节事活动	上海环球嘉年华、上海欢乐节、广东欢乐节
综合型	多种主题组合、一般节期较长、内容综合、规模较大、投入较多、效益较好的节事活动	上海旅游节、北京国际旅游文化节、中国昆明国际旅游节

（二）节事活动组织的特征

举办节事活动，必须了解节事活动的特点。节事活动有如下特点：

1. 整体性

一个节事活动可以分解为若干具体的任务。节事活动是为了实现一定的目标而展开的任务的集合。它不是一项项孤立的活动，而是一系列活动的有机组合，从而形成一个完整的过程。强调节事活动的整体性，也就是强调节事活动的过程性和系统性。节事活动是有组织地进行的，但它不是组织本身，节事活动的顺利举办有赖于对节事活动整体的管理过程。如青岛国际啤酒节在举办期间，在啤酒城内"安营扎寨"的就有来自美国、德国、丹麦、法国、韩国等十余个国家和地区的啤酒品牌。同时围绕啤酒主题曾先后举办了啤酒饮料博览会、啤酒生产设备技术交易会、品酒饮酒会等。在举办国际啤酒饮料及酿造技术博览会的同时还引进了原汁原味的德国、韩国啤酒及与酒文化相关的艺术表演活动。此外，借啤酒节的人气，还开展了侏罗纪公园恐龙展、"情系奥运"少儿绘画展、国际美术邀请展、汽车文化推广活动等。而每一项活动还可以分解为更小的子活动。正是各个活动，包括子活动的顺利举办，保证了青岛国际啤酒节的成功。

2. 一次性

节事活动是必须完成的、临时的、一次性的、有始有终的任务。这是区别于其他常规"活动和任务"的关键特征。在节事活动结束后，节事活动的工作人员要回到原来的工作岗位，活动所剩下的资产要用作他用。节事活动的一次性并不意味着项目历时短，有时可长达几年甚至更长。比如第29届奥林匹克运动会组织委员会（简称北京奥组委）成立于2001年12月13日，它承担着北京奥运会和北京残奥会各项筹办任务的组织工作。2009年8月22日北京奥组委完成了它的历史使命，正式宣布依法解散。北京奥组委的工作人员回原单位或去其他部门工作，北京奥运的"奥运遗产"作了资产处理。

3. 独特性

节事活动都有一个特定的明确的目标，有些节事活动可能是为了打造知名度，有些可能是为了吸引游客。这一特定的节事活动目标通常在项目初期设计出来，并在节事活动中一步一步地实现，让节事活动的参与者能够明显感受到不同节事活动的特色。即使是常规举办的节事活动，如"奥运会"，由于节事活动组织者的变化，不同的组织者所拥有的资源不同，不同年份举办时外部环境发生变化，在其运作、管理和效果上也不尽相同。不同的节事活动，由于地域文化的差异，其独特性就更加突出。这也是节事活动的魅力所在，可以给游客以不同的体验。

4. 生命期属性

节事活动是一次性的任务，因此它是有起点有终点的。任何节事活动都会经历启动、计划、实施、收尾这样4个阶段，人们常把这4个阶段连在一起称为"生命期"。由于项目是一次性的，而"生命周期"有周而复始的重复性的意思在里面，所以我们用"生命期"而不用"生命周期"来表征节事活动的属性。

5. 约束性

任何节事活动都有时间、费用、资源、技术等许多约束条件，节事活动只能在一定的约束条件下进行。这些约束条件即是完成节事活动的制约条件，同时也是节事活动管理的前提条件。西班牙奔牛节在每年7月8日至7月14日举办。在为期6天的节日中，一共要举办156项活动。在筹备节事活动时，明确节事活动的约束资源，在资源一定的条件下，策划出良好的节事活动，这至关重要。

6. 参与性

节事是参与性更强的活动。旅游目的地的节事活动涉及到众多利益相关者。以旅游景区举办大型"嘉年华"为例，有"嘉年华"组织者、"嘉年华"的参与者、普通游客、景区附近的居民、媒体等。举办节事活动把不同相关利益者联系在一起，不同的主体有不同的利益诉求。这要求节事的组织者能协调好各方利益。节事活动的参与性不仅要游客能参与，更重要的是举办地的居民也能参与到节事活动中。只有举办地的居民积极参与才能营造节事的气氛，从而给游客以"畅爽"的体验。

7. 不确定性

节事活动的正式运营时间相对而言比较短，但是筹备时间相对而言比较长。节事活动的组织筹备过程，都是基于将来情况的预期来进行的。这种预期随着时间的推移会存在许多变数，需要不断调整。北京奥运会正式赛事只有从2008年8月8日至24日短短的16天时间，但是北京奥组委在2001年12月13日就成立了，在长达7年的筹备中，部门设置从原来的22个增加到30个，经费预算从16亿美元增加到20亿美元。节事活动的不确定性还表现在不可抗逆的、突发的天气、政治环境、经济环境等因素的变化。作为节事活动的组织者要充分认识到节事活动的不确定性，尽量未雨绸缪，做到节事活动的可控性和灵活性的统一。

8. 主题鲜明性

节事活动都有一个鲜明的主题，一般体现在节事名称中。主题可能是关于某一事物，也可能关于某段历史，但都和举办地有特别的关系，这种关系是节事的文化内涵所在。主题是一个节事的核心和灵魂，大部分活动项目都会围绕主题展开，节事参与者可以因此了解到与主题有关的各方面的知识以及参加和主题有关的各项活动。主题对客源市场来说是一种市场定位，某个主题将吸引对其有特殊兴趣的游客和休闲者。

（三）国际著名节事活动巡礼

在世界范围内，目前具有国际影响力的节事活动繁多，这些丰富的节事活动成为展示地方文化、推动地方经济发展的舞台。

狂欢类：国际范围内以娱乐狂欢为主要内容的节日众多，有一些节日已经享有盛名，如巴西狂欢节、威尼斯狂欢节、西班牙奔牛节、法国尼斯狂欢节等。这些活动彰显着强烈的地域风情，已经成为当地重要的旅游吸引物。以西班牙"西红柿节"为例，每年"参战"和"观战"的人数达到4万之多。一年一度的慕尼黑啤酒节，被称为最大的民间狂欢节，每年都有超过600万的游客参与庆祝，在举办的两周内，大量的慕尼黑农产品被就地消耗，平均每年游客消费超过 500 万升的啤酒。近几年，平均每年吸纳 1 万多人为啤酒节工作。

大型体育赛事：世界级的大型体育赛事主要有奥运会、足球世界杯、F1（一级方程式赛车）等，具有地区影响力的有亚运会、欧洲杯等。大型体育赛事举办会吸引大量观看比赛的游客和媒体，对举办地的旅游产品、旅游形象有深远的影响。韩国借助 1988 年汉城奥运会获得了良好的国际声誉。2000 年悉尼奥运的举办大力推动了澳大利亚当地的旅游发展。围绕 2006 年世界杯足球赛，德国也推出了一系列的文化活动。但是，借助大型体育赛事开展节事存在一定的不确定性，高价格、球赛票、赛季及参赛队的表现都会影响到观赛游客的决策。此外，在比赛期间，还通常对一般休闲客源有一定量的"挤出"。

文化艺术节：欧洲、亚洲的一些国家具有悠久的历史和深厚的文化积淀，各类文化艺术节日众多，如英国爱丁堡艺术节、法国巴黎秋季艺术节、法国阿维尼翁艺术节、意大利罗维纳歌剧节、奥地利萨尔茨堡音乐节、德国拜尔伊特艺术节、马来西亚国际伊斯兰文化节等。享有国际盛誉的爱丁堡艺术节已经举办了 60 年，是世界大型综合性艺术节之一，旨在促进欧洲国家间的文化交流，现在已经演变为一个雅俗共赏的艺术盛会。2006 年爱丁堡国际艺术节开幕式吸引了十几万观众，来自世界各地的两万多名表演者参与了 1600 多场演出。萨尔茨堡音乐节每年也吸引几十万游客，旅游效应巨大。

休闲运动类节事：随着大众健身和极限运动的兴起，一些休闲运动类节事也备受青睐。以热气球为例，著名的有日本佐贺热气球节、韩国大田国际热气球节、俄罗斯气球节、英国布利斯托热气球节、美国雷德岩热气球节、斯里兰卡热气球节、美国休斯敦热气球节等。此外还有各类登山节、赛马节等。

会议展览类节事：世博会、达沃斯世界经济论坛、博鳌亚洲论坛等都是国际级别的博览、会议品牌。2005 年日本爱知世博会的举办为爱知县带来了巨大的旅游经济效益。在世博会举办前，车程两个小时以内的酒店被订购一空。而世界经济论坛更是让小城达沃斯成为滑雪旅游胜地。此外，香港的钟表展、德国科隆的五金展、法国巴黎的航展都是著名的展会品牌。

宗教庆典和地方性节事：随着西方文化的传播，圣诞节几乎成为最被广泛接受的宗教性节日，并引发了庞大的休闲和旅游消费。一些宗教节庆如伊斯兰教的古尔邦节、印度教的昆梅拉节、泰国的万佛节也在一定区域和宗教信徒中产生巨大的宗教旅游效应。此外，在多民族聚居的地区和国家，民族文化各具特色,地方性节事活动异彩纷呈。节事活动成为地方文化最佳的表现形式,也是传承本民族文化的载体。

(四)案例:世界著名节事活动简介

表 2-2 世界著名节事活动

节事名称	简介	综合效益
西班牙奔牛节	该节是由宗教圣菲尔明节演变过来的,活动内容包括"奔牛"、"斗牛"、"烟花"等。首届活动1591年在西班牙潘普罗那城举办,以后活动每年安排在7月6日至14日举行	奔牛节每年为西班牙带来77亿比塞塔的旅馆业收入,而政府只需为节举办出资3亿比塞塔
美国玫瑰花节	首届美国玫瑰花节是1890年1月1日在洛杉矶帕萨蒂市举行的,活动主要包括"花车巡游"和"大学生足球联赛"两大项目。迄今为止,该节已成功举办了100多届	每年仅"玫瑰联赛"就能给南加利福尼亚地区带来1.5亿美元的经济收益,其中仅"玫瑰联赛"一项每年就可为美国"PAC-10锦标赛"和"Big Ten"出资2500万美元,为21所大学的运动员提供奖、助学金,并且每年为地方政府提供90万美元的活动举办和筹划经费。(Big Ten是美国十大大学联盟,包括伊利诺伊大学、普渡大学、密歇根大学、明尼苏达大学、密歇根州立大学、爱荷华大学、西北大学、宾夕法尼亚大学、俄亥俄州立大学和印第安纳大学)
日本御堂筋节	该节1983年首次举行,活动安排在每年10月的第二个星期日,主要包括"花车列队游行"。活动组委会由主办者和市政府共同组成	活动每年可为日本带来50亿日元的直接经济效应和100亿日元的间接经济效应
巴西狂欢节	狂欢节最早起源于中世纪,巴西狂欢节是巴西最大的民间文化展示活动之一,活动以桑巴舞表演为主,20世纪初开始在巴西盛行起来	据统计,2004年,里约州狂欢节期间的总收入约为217亿美元,而投资不过733万美元

二、节事活动与旅游

近年来,节事活动发展非常迅速,给举办地带来巨大的经济效益和社会效益,成为经济发展和社会发展的催化剂和助推器。对一个旅游目的地来说,从时间上需要找到文化内涵的具体表现,从空间上需要彰显横向比较之后的鲜明个性。因此,节事活动就成为体现旅游目的地历史、彰显鲜明个性、提供娱乐舞台的一个欢乐的"宣泄口"。美国学者盖茨(Getz,1997)认为旅游节事对目的地的影响有四个:作为旅游吸引物,构成旅游产品体系的有机组成部分;作为旅游形象和地方形象的塑造者,提升城市和地方的声誉;促进旅游业和地方发展的动力,强化旅游和地方的意识;作为提升旅游吸引物和旅游目的地地位的催化剂,拉动地方基础设施建设。

节事活动对举办地的关系比较复杂。有直接的短期影响,有长期的间接影响。总体说来,一个成功的节事活动会为旅游目的地带来丰厚的经济收入和良好的社会声誉。节事已经和一个地方、城市的形象紧密地联系在一起。

(一)节事活动对旅游目的地的直接影响

1. 节事活动作为一种特殊的旅游产品直接吸引大量游客

在中国,旅游节事是一种较新的旅游形式,只有20来年的发展历史,这一"新兴事物"受到很多旅游者的青睐。节事活动的举办可以增加举办地的旅游吸引力,增加旅游收入。如青岛国际啤酒节、南宁国际民歌艺术节、哈尔滨冰雪节、大连服装节等,在其举办期间无不吸引了世界各地大批商贾和旅游观光游客的参与,宾馆、酒店都被挤满,餐馆人头攒动,市场一派兴旺,其带来的经济效益不言而喻。以2004年第十四届青岛国际啤酒节为例,参节市民和国内外游客近90万人次,销售啤酒近800吨,啤酒节给青岛带来的综合经济效益为13亿元。再如,被国际风筝协会推选为"世界风筝之都"的山东潍坊,20世纪80年代以前还是一个手工业小城,但是自从1984年举办了第一届国际风筝节后,声名鹊起。通过风筝节,展现了潍坊的风筝文化,传播了良好形象,以至旅游者纷至沓来。

事件对旅游城市的季节性作用也是非常明显的。节事活动可以调整旅游资源结构,使得旅游产品结构更加完善、更加丰富,使旅游资源实现动、静的完美组合,从而增强城市的旅游吸引力,或者延长旅游高峰季节,或者在淡季营造出新项目,从而使得"淡季不淡"。如哈尔滨国际冰雪节,既充分利用了当地的旅游资源,又缓解了旅游市场的淡旺季。在国际冰雪节期间,有逾百万游客来哈旅游,市内各大宾馆、酒店的入住率比平时普遍提高了30%

到 50%。

2. 节事活动提高旅游目的地硬件水平

节事活动的举办要求举办地具备一定的经济、政治、文化、制度等多方面的条件，对基础设施依赖性强。如果没有较为完整的基础设施条件，即饭店住宿、餐饮、交通及通信设施等条件与节事不相匹配，一些大型节事活动根本不可能举办。

许多旅游目的地以举办节事活动为契机，加强目的地基础设施，如完善旅游城市导向系统，改善住宿、餐饮设施，提高城市绿化水平，等等，从而增强旅游目的地的接待能力、改善整体环境。1999 年，昆明为主办"世界园艺博览会"，对 218 公顷的世博园区及相关设施的投资总计超过 216 亿元，并相继建成近 20 家星级饭店，使昆明及周边区域的建设至少加快了 10 年。而南宁市为举办民歌艺术节，打造"中国绿城"品牌，共投入城市建设资金 115.76 亿元，完成建设项目 524 项。2002 年，南宁市实施"一年小变化，三年中变化，六年大变化"的城市建设"136"工程，100 多个重点工程纷纷开工，一批道路、广场、旧城改造、美化、亮化工程按时按质按量完工。经过几年的努力，南宁市连续获得"全国卫生城市""全国综合治理优秀城市""国家园林城市""全国优秀旅游城市""中国人居环境奖""全国精神文明建设先进城市"等殊荣。如今，绿城南宁变得更加瑰丽，作为大西南出海通道枢纽城市的复合功能更加强劲，其自然环境、人文环境、居住环境、投资环境也得到了较好的改善。

3. 节事活动可以提升举办地的软实力

节事活动参与者来自世界各国，各自有不同的背景，如个人地位、政治制度、法律法规体系、经济水平、宗教信仰、哲学观念、文化背景等，要做好会务管理、接待服务、安全保障等工作，需要管理人才、接待服务人才，包括各类翻译、导游等高级人才以及高素质的工作人员。他们在节事活动中将起到相当重要的作用，他们的工作质量会影响整个节事本身的质量。节事活动的举办，必然会促进社会对相关从业人才的培养以及部分优秀人才自动自发地提高自己在语言、国际知识等方面的素养，成为节事活动专门人才。通过节事活动锻炼出的熟练业务能力必将给游客更好的旅游体验。

此外，节事还要求举办地多部门协作。现代节事活动的举办涉及人力资源调配、安全保障、项目推广经营、资金的筹措与使用等经济、文化、社会发展的方方面面。节事活动的规模大、会期短的特点对人力资源的调配提出了一种非常态的要求：节前迅速聚集众多工作人员，节中高负荷工作，节后及时遣散。无论节事活动的举办者是政府还是公司，节事活动的不同环节在短时间内高度地协同，需要节事活动的参与者相互配合。配合及协调的效率对节事活动能否成功举办具有决定性的影响。通过节事活动可以锻炼一个旅游目的地众多部门（交通、住宿、餐饮、通信等）的协作能力，从而提高节事活动举办地的软实力。

（二）节事活动对旅游目的地的间接影响

1. 通过节事活动可以增加旅游目的地的知名度

节事活动的举办可以吸引大量媒体的注意。特别是重大的节事活动能快速地提升举办地的知名度。由于活动举办期间高强度、多方位、大规模的宣传以及所引起的广泛的关注，形成巨大的轰动效应，能够使更多更广的人通过各种媒介对举办节事的地方留下深刻印象，从而在短期内强化了目的地的形象，扩大其声誉。

2. 通过节事活动可以增强旅游目的地的美誉度

旅游目的地形象是一个综合的形象塑造系统，需要花费大量精力和进行很长时间的宣传，才能塑造成功。旅游目的地整体形象是通过对各种形象要素的整合实现的，其宣传工作难度很大。而节事活动的开展，往往能够对旅游目的地主题形象起到很重要的宣传功效。即使在举办节事活动的特定空间内，参加者亦可以通过节事活动的各项内容，全面了解目的地的自然景观、历史背景、人文景观、建设成就等内容，从而对目的地形象有感性认识。

3. 通过节事活动增添旅游目的地的文化内涵

现代城市节事以传统文化项目为内涵，体现了文化的传承和延续。它以推动城市之间文化交流、促进文化艺术水平的提高作为起点，培育了富有生命力的文化活动特色项目和文化品牌，为区域文化特色的打造创造了优越的条件，奠定了坚实的基础。如山东曲阜利用几千年的文化积淀，创办了国际孔子文化节，将当地已沉睡了几千年的历史遗迹活生生地再现出来，使传统文化焕发了活力。而南宁国际民歌节，不仅把潜藏在民间的艺术活力借助现代传媒展现在人们面前，而且从民歌的优美旋律中，使人们感受到团结、祥和、繁荣、发展的时代脉搏和健康向上的美好气息。同时，通过充分挖掘民歌文化中的审美精神，从中提炼出有益于现代社会和现代人的文化理想和生活理念，营造现代生活的艺术氛围。

（三）节事活动对旅游目的地的负面影响

节事活动可能会带来"挤出效应"。如果节事的举办恰逢旅游高峰点，则对举办地来说甚至会产生适得其反的效果，由此而加剧过度拥挤等一系列问题，或许会影响到举办地的整体旅游形象。紧张的住宿、不便的交通、过高的物价等因素可能会让部分对价格敏感的旅游者在节事举办期间回避这些旅游目的地。

节事活动可能带来文化传统"真实性"的丧失。当节日和其他特殊事件被作为旅游吸引物进行有意识的开发和促销时，往往会出现一种危险：那就是节事活动本身会被过度地商业化所破坏，娱乐或壮观的场面会取代节事活动的内涵。过分商业化和对当地文化的漠视，在短期可能会聚集一时的人气，但长期看，可能会导致目的地文化传统"真实性"丧失，从而对旅游目的地带来损害。

节事活动期间可能会给本地居民带来生活的不便。节事活动期间游客增多，从而带来举办地物价的上涨、交通紧张，在一定程度上引起旅游目的地居民生活成本上升。

（四）案例：北京奥运对北京旅游的影响

奥运会的成功举办，对促进举办国的经济、社会、环境、包括旅游业的发展，都具有很强的效应，我们称之为"奥运效应"。我国是世界上人口最多的国家，国内奥运旅游市场具有不可估量的潜力。2008年北京奥运会的成功举办为提升我国的国际旅游形象，完善我国的旅游服务层次和结构，促进国际国内旅游市场的进一步开发，进而对整个中国的旅游业都具有积极而深远的意义和影响；同时，它的举办对国内旅游业的发展也存在一定的消极影响。

1. 举办奥运会、残奥会对我们旅游业的直接影响

奥运会在中国的举办，无疑为中国旅游业的快速发展提供了一个绝好的机会，除了促进旅游经济发展这一显在效应之外，它还促进了中国旅游业体制的创新，营造出了一个良好的奥运旅游发展环境。

(1)吸引大量游客,增加旅游收入

中国自申奥成功以来,2008年奥运会对北京市旅游业的前期带动作用日益明显,接待规模不断扩大,入境旅游、国内旅游与出境旅游三大市场呈现持续活跃、共同发展的良好局面。从入境旅游来说,2005年全市接待入境旅游者362.9万人次,比上年增长15%;旅游外汇收入达到36.2亿美元,增长14.2%。2006年接待入境旅游者390.3万人次,同比增长7.5%;旅游外汇收入40.2亿美元,增幅11.2%。2007年1至10月接待入境过夜旅游者367万人次,同比增长12.5%。从国内旅游来说,北京市国内游客接待量增长幅度变化相对稳定。国内旅游收入相对于接待游客数量来讲,增长趋势则更加明显。2005年北京市接待国内旅游者1.25亿人次,旅游收入1300亿元人民币,同比增长4.6%和13.7%。2006年接待国内旅游者1.32亿人次,旅游收入1482.7亿元,同比增长5.6%和14%。北京出境旅游近几年也在快速增长,2006年出国旅游人数达到79.18万人次。

据统计,奥运会期间,在北京的参赛运动员和随队官员达到16 000人;近5000名奥林匹克大家庭成员、7000名赞助商及其客人参加北京奥运会;逾2万名注册媒体记者采访和报道奥运赛事。虽然在奥运会期间由于接待和价格的因素,使得入境旅游团队受到一定冲击,然而,数百万的海内外游客在参与和观看北京奥运会的同时,也直接带动了北京周边的旅游消费,从而带来旅游收入的增长。此外,由于青岛、天津、沈阳、香港和上海也是奥运会项目的比赛城市,奥运游还对全国其他地区形成强力的辐射。据官方统计数据,2008年8月8日至24日,北京市累计接待国内外游客652万人次(包括观看奥运的国内人员),其中,接待入境游客38.2万人次,是悉尼奥运会时的三倍,创历届奥运会入境人数之最。北京市旅游景区实现营业收入16 270.3万元。

(2)形成奥运遗产,增添旅游资源

奥运遗产,不仅包括有形的设施和奥运场所,还有无形的服务和环境。这些比赛设施、文化设施和配套的景观设施会与原有的历史文化资源结合,为北京增添新的具有较强吸引力的旅游资源。北京是首都,是中国的政治、文化和国际交往的中心,是中国历史的结晶、缩影及未来的象征。奥运旅游在获得巨大的经济收入的同时,也会对中国文化和民族精神的弘扬起着不可估量的作用。举办奥运,我们中国人更看重它的国际和社会影响。文化是旅游业的灵魂，是现代奥林匹克运动的支柱之一。北京承办第 29 届奥林匹克运动会，极大地弘扬了中国旅游文化和促进东西方旅游文化的交流与融合，丰富了奥林匹克精神的内涵，并有力地推动了中国文化事业和产业的发展，促进国民思想道德素质和科学文化素质的提高。奥运会后，北京充足的奥运场馆成为开展体育旅游的重要资源，为提升"后奥运"北京的知名度发挥了重要作用。

（3）旅游业的软、硬件设施水平得以提升

为了迎接 2008 年北京奥运会的到来，全国各地，尤其是北京在 2007 年之前投资了 122 亿美元，完成 20 项治理环境的重大工程，提前 3 年达到城市总体规划中制定的目标。在交通方面，北京组建一个奥林匹克交通环，由四环、五环的西北部与场馆结合起来，把 85% 的场馆贯穿起来，以此为骨架，周边辅以各种放射路，并以放射路为主要的联系系统。尤其是北京至天津高铁的开通，促进了环渤海旅游带的发展。到 2008 年，轨道交通线增加到 7 条，总里程达到 200 公里。为解决大气污染问题，北京已经开始实施将山区林木覆盖率提高到 70% 的生态改善计划，沿"五河十路"两侧建设 230 平方公里的防护林带，在市区建成 120 平方公里绿化隔离地区的三道绿色屏障工程。通过城市环境整治和建设，北京无论是城市交通、城市市容，还是城市服务体系都有了实质性的改善。硬环境和软环境的建设，大大地改善了北京作为一个国际旅游目的地的形象。另外，从 2006 年到奥运开幕前夕，北京的酒店数量大幅度增长。其中，星级饭店从 600 家增至 818 家，新增客房 1 万间，总客房数达到 15 万间。社会旅馆从 4023 家增至 4978 家，增加 5.2 万个房间和 10.5 万张床位。在旅游出行方面，借助奥运新建、翻修了大量交通道路和交通标识。这些都为北京成为世界重要旅游目的地奠定了坚实的物质基础。

目的地旅游从业者挖掘了原有旅游产品的奥运内涵和文化内涵，整合和吸收了历史和自然资源，开发出一系列全新的旅游线路和旅游产品，增加了文化内涵和吸引力，更好地满足了国内外游客的需求。

（4）奥运挤出效应及目的地公共关系隐忧

奥运会的挤出效应可以从三个方面来看：一是国营旅游企业对民营资本的挤出。由于民营旅游资本很难拿到与国有企业同样的奥运接待权力，因此面对奥运旅游市场只能忘奥兴叹。二是奥运因素导致旅游相关产品，如航空、住宿的紧张和价格上涨，以及高规格的安保及交管措施都对一些常规游客形成了排斥力,一些纯观光的游客避开了奥运月份出行或向非奥运举办地分流,这样导致了奥运预期旅游收入有所减少。根据国家旅游局的统计数据,2008年7月,我国入境旅游人数为1105.72万人次,同比下降3.78%。根据测算,2008年8月全国实现旅游(外汇)收入32.56亿美元,同比下降12.01%。如果以1105万人次为基数,3.78%为降幅,则2008年奥运会的举办,造成我国旅游业的客源损失就高达42万人次。北京市全部的入境游客数量38.2万人次,也无法弥补旅游业的这一损失。三是对会展业的挤出效应。会展业是旅游业中一块相当大的市场,奥运对它的影响不能不谈。由于北京在奥运之前加大了对外国人入境签证的限制,很多外国公司不得不取消原定在北京举行的商务会议。往年秋季在北京颇为火热的商务会展市场也异常惨淡,处于半停滞的状态或干脆异地举办。一些外国游客不得不更改来中国旅游的行程。

此外,出于对奥运会组织运作的安全性考虑,组委会不得不采用危机防范及管理机制来规避风险,从而给人们的正常生活带来不便,因此人们在支持奥运的同时也会对奥运产生一些抵触。据不完全统计,北京市民对奥运的支持率出现了一定程度的下降。引起支持率下降的主要因素有:各种交通管制、安全检查、社区外居民(其他城市居民及边缘人群)的嫉妒、物价上涨给居民生活带来的不便,等等。

2. 北京奥运会、残奥会对中国旅游经济的长期影响

(1)产生巨大的国家和社会效应,提升举办国旅游品牌形象

在奥运会筹备及举办期间,北京已经成为了全世界瞩目的焦点,在一定时期内形成了一种强大的聚焦效应。在奥运申办、筹办和举办期间高强度、多方位、大规模的宣传引起了世界广泛的关注,巨大的轰动效应使更多的人通过各种媒介对中国和北京留下了深刻的印象,从而强化了中国和北京在全世界人民心目中的形象,让全世界重新认识了中国,提升了我国的旅游地位和声誉。中国首次取得奥运会的举办权,其意义已远远超过了运动会本身的含义。在世界政治大国中,中国是最后一个承办奥运会的联合国安理会常任理事国,这次盛会向世人彰显的不仅是"新北京、新奥运"的人文与科技理念,更重要的是它加快中国积极融入国际社会大家庭的步伐,改善了中国在国际社会的整体形象。成功地举办奥运会本身就是对中国旅游品牌的良性建设,是对中国旅游接待能力的最好宣传。

（2）增加中国成为旅游目的地的内涵

以往国外游客到中国旅游以观光旅游和商务旅游为主。历史遗迹、自然风光和商业机会成为主要旅游吸引物。北京奥运三大主题"人文、科技、绿色"不仅展示的是奥运的理念，而且展示的是中国作为旅游目的地的内涵。在各地改善城市社会环境、人文环境和生态环境，以增加城市吸引力的大背景下，各地旅游从业者挖掘了原有旅游产品的奥运内涵和文化内涵，整合并吸收了历史和自然资源，开发出一系列全新的旅游线路和旅游产品，增加了文化内涵和吸引力，更好地满足了国内外游客的需求。这种对旅游目的地认知的发展，将增强中国作为旅游目的地的吸引力。

（3）提升旅游服务质量，促进旅游产业升级

这次奥运接待了大量的国内外客人，仅奥运会的注册客人就有5万。通过这次国际化的接待任务，酒店、景区、旅行社、购物场所在国际化水平服务上迈进了一大步。以北京110家签约饭店为例，从奥运前期奥组委对其的培训、检查到奥运期间的督导，饭店普遍反映无论是内部管理还是服务质量都比以前更规范、更优质。这些涉奥经营单位的成功经验在奥运后的扩散会推动全行业服务质量的提高。

第三章 节事活动游客动机

一、引言

我国节事活动虽发展较晚但发展快速。随着奥运会、世博会等的成功举办，我国大型节事活动发展迅速，每个城市甚至一些小城镇都会组织自己的节日。这些节日的主要作用是保护当地文化和塑造城市形象，同时许多地方的节日也带来了巨大的经济效益，并促进了当地的社会团结[1]。学者们除了对大型活动的开发管理、经济影响和营销策略等方面进行研究外，还越来越关注参与者的动机研究[2][3]。对游客的参与动机进行分析有助于节事活动进行市场预测、资源开发及营销推广。国外已有的研究大多是节事活动参与动机维度[4]、参与动机的影响因素[5]等研究，而国内对节事活动的动机研究还处于起步阶段，大都是针对特定目的地[6][7]、特定群体[8]的研究。本文从节事动机理论、研究方法、动机维度及动机与其他影响因素之间关系的研究等方面对节事活动游客参与动机展开论述，并指出未来的研究方向。

二、节事参与动机基础理论

从心理学的角度看，动机是一种内部因素激发、引导和整合的个人行为[9]，由内在动机和外在动机共同决定，内在动机是指个体志愿从事行为，外在动机则是外在诱因导致的结果[10]。大多数心理学家认为动机主要是由内部因素决定的，而参与节事活动是动机的行为表象，那么参与节事活动的动机是由于内部的因素激发所引导的行为。因此结合已有的动机定义，本文界定的节事活动游客参与动机为推动个体参与活动的内在驱动力。

对节事活动参与者动机（以下简称参与者动机）的研究主要以心理学领域的相关理论为基础。西方学者对动机理论的研究成果较多，具有代表性的有马斯洛（Abraham Hardd Maslow）的需求层次理论、皮尔斯（D. G. Pearce）

的旅行需求模式、驱力理论、诱因理论、期望价值理论和成就目标理论等。其中，被旅游领域引用最多的是驱力理论、诱因理论和期望价值理论[11]。

英国学者唐曼将上述理论（驱力理论、诱因理论和期望价值理论）结合起来，认为参与者动机可分为内在的和外在的动机，内在动机包含以驱力为基础的情感因素（推的因素），外在动机包含认知因素（拉的因素）。丹恩（Dann，1977）将唐曼的观点应用于旅游领域产生推拉理论。推拉理论认为推的因素是内在的，是由于不平衡或紧张引起的动机因素或需求，它促使旅游动机的产生；拉的因素是外在的，与景点及目的地自身属性相联系，由旅游者对目标属性的认知所产生，影响目的地的选择[12]。根据推拉理论，学者们对参与者动机维度进行了研究，如克朗普顿（Crompton，1997）[13]确定了9种动机，包括7种社会心理动机或推动型动机、2种文化动机或拉动型动机；盖茨（Getz，2002）[14]进一步指出推动因素为参与者自身的社会心理动机，如逃离、自我发现、放松、追求名誉、家庭团聚、社交等，而拉动因素则与目的地相关，如猎奇。推拉理论已被诸多旅游学者广泛接受，并在实际的旅游动机研究中广泛应用。

阿霍拉（Iso-Ahola，1987）提出了逃离－寻求理论。逃离二分法包括两个动机维度：逃离和寻求，"逃"指个体摆脱其所处个人环境或人际环境的渴望；"寻"指个体想通过到一个新环境旅游获得某种心理上的（内在的）回报。克朗普顿（Lohn L. Crompton）等（1997）[15]认为阿霍拉（Iso-Ahola）的逃离－寻求理论与推拉理论的动机维度相似，阿霍拉（Iso-Ahola）把"寻"理解为通过新环境寻求心理上的回报（社会心理需求），丹恩（Graham M. S. Dann）把"拉"定义为对目标属性的认知。逃离－寻求二分法已被学者们广泛地应用于节事活动动机的研究中。如乌伊萨尔（Uysal）等（1993）[16]根据阿霍拉（Iso-Ahola）的逃离－寻求理论提出了美国南卡罗来纳州乡村玉米节的研究框架，得到五个动机维度：逃离、刺激、新奇、社交和家庭团聚；克朗普顿（Crompton，1997）[15]引用了需求层次理论、逃离二分法以及推拉理论3个分类框架对个人动机进行分类。

还有一些学者提出了其他的动机理论模型。如比奇（Beach）等人建立了包含知识因素、社会因素、技能掌握因素和逃避刺激因素在内的休闲动机等级模型[17]；洛格（Pulog）的动机理论提出了自我中心型（psychocentric-）和多中心型（allocentric-）两个极端，他认为绝大多数人是属于两个极端之间的中间类型[18]。已有节事动机的研究大多是基于推拉理论形成的，未来的研究仍需不断深入，以期发现新的理论。

三、节事动机研究方法

节事活动参与者动机是复杂多变的，因此其研究方法必然是多元化的。国外对参与者动机的研究从单一的研究方法，如李（Lee，2000）[19]用方差分析来研究不同国家游客动机的差异，到多种研究方法（回归分析、因子分析、聚类分析、结构方程模型[20]等）的共同使用，其中用到较多的是方差分析[21][22]、因子分析[23][24][25]和聚类分析[26][27][28]。国内对节事活动参与者动机的研究起步较晚但发展快速，学者们借鉴国外研究的经验逐步加深对节事动机的研究，其中使用较多的是因子分析[29]，也涉及到聚类分析、方差分析等，如龙涛（2011）[30]采用因子分析和回归分析研究大型活动中志愿者的参与动机以及动机与岗位服务满足感之间的关系。综合已有研究，发现因子分析主要用于确定节事活动参与者主要的动机维度；方差分析用于研究不同类型活动之间动机的差异；聚类分析用于参与者类型的划分以明确不同类型参与者的主次动机；结构方程模型用于研究参与者动机与其他因素（如满意度）等之间的关系。

随着研究问题的不断深入，从节事活动参与者的动机维度研究到参与者动机与满意度、行为意向等的关系研究，研究方法也从方差分析、因子分析到结构方程模型等不断变化。同时，有学者曾提出定性方法的研究更适合理论基础不强的主题，因为它们可以产生更完整的无偏差的动机信息[31]。当前的节事活动参与者动机研究多注重定量分析，但参与者动机的研究还处于发展阶段，缺乏相应的理论支撑，定性研究能更深入地对参与者动机进行分析。在以后的研究中采用定性和定量相结合的方法或许更有助于我们对这一主题的理解。

四、节事动机维度研究

拉尔斯顿（Ralston）等（1988）[32]最先开始关于活动参与者的动机研

究，他们开发了48个参与者动机因素的量表，并用李克特五点式量表来测量每个动机因素的重要性，得出节事活动参与者的动机主要有七个方面：寻求刺激、家庭和睦、社交、结交新朋友、学习、逃避和怀旧。之后越来越多的学者参与对节事活动动机维度的研究，例如乌伊萨尔（Uysal）等（1991）[33]等利用1985年美国快乐旅行节庆活动的数据来研究参与者的动机，提出了五个动机维度：兴奋、外部、家庭、社交以及放松，他们的研究结果与拉尔斯顿（Ralston）和克朗普顿（Crompton）的研究没有多大差异。根据动机的不同理论和各自的研究设计，学者们确定出具体的动机维度，常用的动机维度总结如表3-1所示，表3-1列出了出现频率相对较高、具有一般性的维度。

表3-1 节事活动参与者动机研究主要动机维度和文献

动机维度	文献
社交	拉尔斯顿（Ralston）等（1988）[32]；乌伊萨尔（Uysal）等（1991）[33]；巴克曼（Backman）等（1995）[34]；施耐德（Schneider）等（1996）[5]；克朗普顿（Crompton）等（1997）[15]；尼克尔森（Nicholson）等（2000[35]、2001[4]）；李（Lee）等（2004）[36]；Schofield等（2007）[39]；李（Li）等（2009）[37]；汤普森（Thompson）等（2009）[27]
家人团聚	拉尔斯顿（Ralston）等（1988）[32]；乌伊萨尔（Uysal）等（1991[33]、1993[16]）；莫尔（Mohr）等（1993）[22]；巴克曼（Backman）等（1995）[34]；施耐德（Schneider）等（1996）[5]；福米卡（Formica）等（1996）[38]；杜瓦（Dewar）等（2001）[23]；李（Lee）等（2004）[36]；李（Li）等（2009）[37]；约拉尔（Yolal）等（2009）[1]
逃离	拉尔斯顿（Ralston）等（1988）[32]；乌伊萨尔（Uysal）等（1993）[16]；莫尔（Mohr）等（1993）[22]；施耐德（Schneider）等（1996）[5]；尼克尔森（Nicholson）等（2000[35]、2001[4]）；杜瓦（Dewar）等（2001）[23]；李（Li）等（2009）[37]；李（Lee）等（2004[36]，2009）；约拉尔（Yolal）等（2009）[1]
猎奇	乌伊萨尔（Uysal）等（1993）[16]；莫尔（Mohr）等（1993）[22]；福米卡（Formica）等（1995）[38]；克朗普顿（Crompton）等（1997）[15]；尼克尔森（Nicholson）等（2000[35]，2001[4]）；杜瓦（Dewar）等（2001）[23]；李（Lee）等（2004[36]，2009）；约拉尔（Yolal）等（2009）[1]
刺激	乌伊萨尔（Uysal）等（1991[33]、1993[16]）；莫尔（Mohr）等（1993）[22]；巴克曼（Backman）等（1995）[34]；施耐德（Schneider）等（1996）[5]；福米卡（Formica）等（1996）[38]；杜瓦（Dewar）等（2001）[23]；李（Li）等（2009）[37]；约拉尔（Yolal）等（2009）[1]
文化探索	克朗普顿（Crompton）等（1997）[15]；福米卡（Formica）等（1998）[38]；李（Lee）等（2000）[19]；杜瓦（Dewar）等（2001）[23]；李（Lee）等（2004）[36]；斯科菲尔德（Schofield）等（2007）[39]

对该领域主要文献的分析表明，社交、家人团聚、逃离、猎奇、刺激、文化探索是出现次数较多的六个动机维度。其中，出现次数最多的动机是社交，社交来自于与群体进行交流的需求[24]。在一系列的研究中社交成为突出的维度，是因为旅游动机是以人为导向的而不是以目的地为导向，社交之所以成为节事动机维度中重要的一个维度是大多数参加活动的人都是拥有相同兴趣的[39]，活动为人们提供与朋友或其他人享受节庆以及认识新朋友的机会。家人团聚是为了加强与家人的联系[24]，研究发现根据不同的婚姻状态家人团聚的重要性也不同[40][41]，一般未婚者大多是与朋友等参与活动，而已婚者与家人一起参加的较多。逃离的目的是减轻压力[37]，福斯特（Foster）等（2010）[42]把"逃离"定义为："逃离日常生活以及改变一个人的日常生活，从生活压力中恢复。"猎奇是为了通过愉快的旅行寻求新的、不一样的体验，是出于体验刺激、冒险和惊喜以及缓解乏味的需要[24]。刺激包括体验有趣的或者令人激动的事情从而产生刺激或新奇的感觉[42]。文化探索是为了学习和体验某一地区的风俗和文化[36]，艾伦（Allen）等（2005）[43]把"文化探索"定义为了解其他文化以及进行文化体验的需求。除了以上这几个主要的动机维度，常见的动机维度还包括娱乐[38]、学习[32][44]、放松[33]等。

另有一些学者对节事活动参与者动机的普遍性进行了研究，得到的研究结果不尽相同。一方面研究表明节事活动的类型可能会改变参与者的动机[39][45]，例如斯科特（Scott，1996）[46]、尼克尔森（Nicholson，2000[35]、2001[4]）分别对俄亥俄州东北部的3个节事活动（昆虫节、假日灯光节和枫叶节）和新西兰的4个节事活动（2个美食节、1个航展和1个乡村音乐节）进行比较研究。斯科特（Scott）发现参与3个节事活动的游客动机有以下六个：社交、家庭团聚、逃离、观光、刺激和猎奇，但这些动机的重要性随着不同主题的节事活动而改变，例如参加昆虫节的首要动机为家庭团聚，而参加枫叶节的首要动机为观光。尼克尔森（Nicholson）等发现2个美食节的游客主要动机均为社交，航展和音乐节的游客主要动机为猎奇和娱乐。约拉尔（Yolal）等（2012）[47]对土耳其的国际音乐节游客动机是否会随着不同节庆活动内容（交响乐、摇滚、世界音乐、舞蹈、芭蕾和戏剧）而改变进行研究，发现不同类型节庆活动的动机存在较大差异。

而另一方面的研究发现节事活动参与者动机维度则相似。克朗普顿（Crompton）和麦凯（McKay）（1997）在对一个嘉年华活动（包括60个不同的非体育活动和 13 个体育活动）进行研究时没有发现参与动机显著性的差异[24]，但尼克尔森（Nicholson）等（2001）认为克朗普顿（Crompton）等的研究中将一个节日内的五个不同类别的活动（游行、气球、美食、音乐和展览）视为不同类型的事件是有问题的。杜瓦（Dewar, 2001）[23]使用了与施耐德（Schneider）等（1996）研究阿拉伯文化节非常相似的问卷对哈尔滨冰雪节游客参与动机进行了研究，结果发现两个不同文化背景下的动机维度相类似。同样地，基姆（Kim）等（2006）[48]的研究也发现参加巴西国际环保电影节的游客首要动机是家庭团聚和社交，而与节日主题相关的动机则不明显，但他认为这可能是由于这个活动举办时间较短且未进行广泛的宣传推广以致游客参与的动机与活动主题关联较小。李（Li）等（2006）指出有必要通过心理学、社会学和市场营销学等跨学科去研究普遍使用的动机维度[49]，用这些学科的理论来支撑节事活动动机的研究。随着研究的不断发展，学者们逐渐倾向于从其他方面对节事动机进行分析，如研究影响节事动机的因素等。

五、节事动机与其他影响因素关系的研究

（一）与人口统计特征关系的研究

参与者动机随人口统计特征的变化而变化，研究不同人口统计特征的游客在节事动机方面的差异对节事活动的未来发展具有指导意义。已有研究对性别、年龄、收入、婚姻状况等方面的动机差异进行了研究，得到了一些相类似的结果。具体情况如表 3-2 所示。

表 3-2 节事活动参与者动机与人口统计特征关系研究

动机维度	人口统计特征对不同动机的影响
社交动机	年长者[50][51]，低收入[41][50]，已婚和男性[50]
家人团聚	年长者[50][52]，高收入[50]，已婚[41][53]，女性[50][52]，高学历[32]
逃离	年轻的[41][48][50][53][54]，低收入[21]，未婚和高学历[32]

续表

动机维度	人口统计特征对不同动机的影响
猎奇	年轻的[32]，低收入[52]，未婚[29]
刺激	年长者和已婚[41]
文化探索	年长者[39]，高收入[50][55]

总结已有的研究发现"社交"动机与收入、年龄、婚姻状况和性别相关，年龄较高、低收入、已婚和男性的参与者的社交动机较强。而约拉尔（Yolal）等（2009）[1]对土耳其一个主要城市节日游客的人口特征与参与动机的研究中认为年长者和高学历人员的社交动机较低，并认为这可能是由于这一类人更关注于社交所需的成本，并且发现年轻的游客更加重视"社交"动机。斯科菲尔德（Schofield）等（2007）[39]在对一个体育活动进行研究时发现女性社交动机高于男性，而男性参与活动则比较关注活动本身，这可能是由于研究的是体育活动而影响其研究结果。"家庭团聚"动机与婚姻状况、年龄等相关，年龄较高者、已婚、女性、高收入者的家人团聚动机较强，高学历的参与者动机较弱，至于为什么高学历的游客家庭团聚动机弱还有待进一步研究。"逃离"动机与年龄等相关，年轻的、高学历、低收入参与者的逃离动机较强，未婚的参与者逃离动机大于已婚。"刺激"动机与年龄和婚姻状况等相关，年长者和已婚者的动机较弱，这是可以理解的，因为年轻人大多喜欢去冒险。"文化探索"动机与收入、年龄相关，发现高收入游客的文化探索动机较强，这应与他的需求有关。马斯洛需求层次理论认为某一层次的需求相对满足了，就会向高一层次发展，高收入的游客具备条件去寻求精神上的满足。另外，年长者的动机较弱，可能与其阅历有关。心理学研究认为好奇心取决于已知，人们对于自己认为知道的答案好奇心程度最低[56]，随着年龄增长，阅历逐渐丰富，年长者的文化探索的动机就逐渐减弱。"猎奇"动机与婚姻状况、收入等相关，未婚、低收入游客的猎奇动机较高，而约拉尔（Yolal）等（2009）的研究中发现年长者的猎奇动机比年轻人强。在每个动机维度研究中，学者们的研究结果大多一致，但也有不同，这可能与其所研究的节事活动类型相关，也可能是别的原因，还有待进一步的研究。另外，对节事动机与人口统计变量关系的研究大都只是描述性的分析，并未深入探讨如为什么年龄与社交动机有关联等问题。

(二) 与节事活动类型关系的研究

吴必虎等 (2004) 认为节事活动是以某一地区的地方特性、文脉和发展战略为基础举办的一系列活动或事件[57]，主要有节日、博览会以及文化、体育等具有特色的活动。分析已有节事动机的相关研究，发现不同类型节事活动的参与动机存在差异。即使有相似动机，但各个动机维度的重要性也不同，本文总结了学者们研究较多的节事活动及其主要动机，如表3-3所示。

表3-3 节事活动参与者动机与节事活动类型关系的研究

节事活动类型	动机维度
节日	社交[22][23][58]，寻求刺激[15][22][59]，猎奇[23][53]，文化探索[59]，放松[52]，逃离[16]，[60]
文化活动	文化探索[15][39][61][62]
博览会	文化探索[28][36]，社交[36]，学习[30]
庆典	社交[53]

不同主题的节事活动的参与动机会有所不同，如美食节、啤酒节等节日活动的游客寻求刺激、社交动机较强；文化活动较注重文化探索动机；国际性节事如世博会、博览会则注重文化探索、社交等动机。杜瓦 (Dewar, 2001) 对哈尔滨冰雪节游客参与动机进行了研究，发现其社交和猎奇动机最强；李 (Lee, 2004) 对2000年庆州世界文化博览会进行研究发现主要动机是文化探索。以上研究表明，人们参与节事活动的动机并非一致，即使是同一个类型的活动，游客参与的动机还是会存在差异，但主要的节事参与动机还是社交、家人团聚、逃离、猎奇、刺激、文化探索等。另有学者陈楠等 (2015)[63]在对开封清明文化节进行研究时表明，随着生活节奏的加快人们参与节事活动有逃离、猎奇、文化探索等动机，但与同事或家庭一起参与活动的动机 (社交和家人团聚) 更具重要性。这一结论是否在所有类型的节事活动中都存在还需要学者们广泛深入地研究，而节事动机在不同类型活动中的差异研究则可以为节事的定位和市场营销等提供指导意见。

(三) 跨文化比较研究

营销学认为文化是消费者行为的基本决定因素之一，将文化纳入节事活动参与者动机的研究很有必要。施耐德 (Schneider) 等 (1996)[5] 首先提出节事动机跨文化研究的必要性,并研究了在北美的文化背景下得出的动机维度是否也在其他地方适用。他们研究了亚洲的一个文化艺术节,发现虽然节事动机因子的顺序或重要性与其他研究不同,但研究中也出现了类似的动机因素。这一结论在之后对不同区域,如对意大利的福米卡(Formica)和乌伊萨尔(Uysal, 1995)[38]、对韩国的李(Lee, 2000)[19];李(Lee)、李(Lee)和威克斯(Wicks, 2004)[36]和对中国的杜瓦(Dewar)、迈耶(Meyer)和李(Li, 2001)[23]等进行研究的过程中都有涉及。福米卡(Formica)等(1995)[38]对意大利翁布里亚爵士音乐节的游客进行研究,比较本地居民和非本地居民的参与动机,发现本地居民认为社交因素很重要,而非本地居民则更倾向于娱乐动机;李(Lee)等(2004)[36]对2000年世界文化博览会的游客动机维度进行研究,并分析了国内外游客的动机差异,发现国内游客倾向于家庭团聚,而国外游客则注重于社交;斯科菲尔德(Schofield)等(2007)[39]也研究了人口统计变量(游客来源、性别和年龄)对参加2005年蒙古那达慕节的游客参与动机的影响,其中游客来源是按照国内与国际游客来区分的,发现国际游客参与活动比较关注文化方面,国内游客更为注重休闲和家人团聚等方面。在以上的一系列研究中,学者们都进行了与施耐德(Schneider)等(1996)相类似的研究,考虑不同文化背景对游客动机的影响,得到的动机维度大多与施耐德(Schneider)的相似,主要是动机因素的重要性排序不同,可能是由于他们研究的对象大多是文化类型的活动,类型较单一,研究得到的结论还需要不断拓展。

已有的许多研究大多以地域来划分游客,虽然这些研究对了解节事活动市场作出了一定贡献,但是以国籍(地域)或种族来区分不同的文化低估了造成动机差异的文化背景因素的作用[64]。在不断地研究过程中,有学者提出使用网格/团体文化理论来确定不同的文化背景[65],并使用这一理论对文化与旅游动机之间的关系进行研究。在未来的研究中我们或许可以借鉴这一研究视角来进行节事动机的跨文化研究。

(四)与行为关系的研究

德西(Deci)等(1985)[66]认为人类的每个行为都是在一系列动机的驱动下产生的,并且是否参与某项活动是由内在动机和外在动机共同决定的。大多数的研究表明内在动机与参与行为之间存在一种很强的正向关系[67]。关于节事动机与行为的研究还处于不断发展阶段，已有研究主要包括两方面：动机对忠诚行为的影响（忠诚度表现为再次参与和向其他人推荐）；动机对满意度产生影响，而满意度对再次参与行为产生影响。在动机与忠诚度的研究中，尹（Yoon）等（2005）[68]的研究认为内在动机（如家庭团聚、放松等）对行为忠诚有直接的影响，但没有对动机如何影响行为忠诚进行深入研究；斯科菲尔德（Schofield）等（2007）[39]研究了2005年蒙古那达慕节游客参与动机与未来意向的关系，发现文化探索因素对游客再次参与意愿影响最大；克罗兹（Croes）等（2015）[69]研究了加勒比海南部库拉索岛的音乐节，与尹（Yoon）等（2005）的发现一致，认为动机影响忠诚度，并且发现并不是所有的动机因素对忠诚度都有影响，即与音乐节相关的动机才对观众的忠诚行为产生影响。在动机对满意度的影响研究中，史密斯（Smith）等（2010）[70]进行了一个国际美食节游客参与动机对满意度及行为意向的影响研究。在他们的研究中，动机分为推动因素和拉动因素。拉动因素（食品、基本服务和支持服务）与顾客的满意度有关，顾客满意度越高，那么其再次参与的可能性越高；推动因素（活动本身、活动新颖性和社交）与满意度相关性较小甚至没有关系。已有的研究结论大多是针对文化类型的活动（如音乐节、美食节），是否适用于其他类型的活动还有待进一步研究。另外，由于节事动机与行为的研究还处于发展阶段，研究成果不够丰富，未来的研究需要继续去探讨游客动机对其行为的影响。

六、结论与展望

通过对近30年节事活动游客参与动机研究成果的梳理和阐述，不难发现，第一，从研究方法上看，由原来的借助心理学、旅游领域的动机的概念性研究转为比较深入的定量或质性研究方法，主导研究手段仍然是通过对节事游客做问卷调查收集信息，再做数据分析得出研究结论，而心理学中研究动机比较成熟的观察法、实验法和混合研究法并没有出现应用到本研究领域中。第二，从研究对象上看，从单个特定节事活动游客参与动机研究，发展到研究一般节事活动的参与动机，在理论上节事活动参与动机研究的普世性在逐步增强。第三，特定节事活动的独特性与游客的个性化影响了研究结论的稳健，使研究之间的继承与发展受到了一定的影响。

将来研究的方向：其一，研究节事活动参与的学者大多是研究旅游方向的，往往用研究旅游的动机框架研究节事活动的参与动机。但游客节事活动参与时间比一般传统旅游的时间短得多，随机决策在节事活动参与中表现得非常明显，节事参与动机与旅游动机的区别是理论将来需要解决的一个问题。其二，目前该领域的研究大多回答"为什么参加节事活动"。而参与节事活动是一个过程而不是一个瞬间。在节事活动的持续时间内哪些环节、内容的设计会影响到已经在活动现场的游客的参与程度是需要进一步研究的问题。

参考文献

[1] Medet Yolal, FatmagÜL Çetinel, Muzaffer Uysal. An Examination of Festival Motivation And Perceived Benefits Relationship: Eskişehir International Festival [J]. Journal of Convention & Event Tourism, 2009, 10（4）：276-291.

[2] Getz D. The Impacts of Mega Events on Tourism: Strategies For Destinations[C]// Cauthe 1998: Progress In Tourism And Hospitality Research: Proceedings of The Eighth Australian Tourism And Hospitality Research Conference. Bureau of Tourism Research, 1998.

[3] Ralston L. S., Hamilton J. A. The Application of Systematic Survey Methods At Open Access Special Events And Festivals [J]. Visions In Leisure & Business, 1992. 11（3）：18-24.

[4] Nicholson R. E., Pearce D. G. Why Do People Attend Events: A Comparative Analysis of Visitor Motivations At Four South Island Events. [J]. Journal of Travel Research, 2001, 39（4）：449-460.

[5] Schneider I. E., Backman S. J. Cross-Cultural Equivalence of Festival Motivations: A Study In Jordan [J]. Festival Management & Event Tourism, 1996, 4（3-4）：139-144.

[6] 杨会娟, 蔡君. 观光采摘节游客动机以及满意度研究——以北京通州葡萄采摘节为例 [J]. 四川林勘设计, 2007（3）：28-31.

[7] 侯睿智. 地区性节庆旅游参与者动机、满意度及推荐意向间的关系 [D]. 延边大学硕士学位论文, 2012.

[8] 张洁. 高校志愿者参与大型节事的动机研究——以2009世界集邮展览为例 [J]. 旅游研究, 2010（6）：81-86.

[9] Iso-Ahola S. E. The social psychology of leisure and recreation [J]. Nutrition Journal, 2014, 14（3）: 1-8.

[10] Deci E. L., Ryan R M. Intrinsic Motivation and Self-Determination in Human Behavior [J]. Encyclopedia of Applied Psychology, 2004, 3（2）: 437-448.

[11] 刘纯. 旅游心理学 [M]. 北京: 科学出版社, 2004: 73.

[12] 张宏梅, 陆林. 近 10 年国外旅游动机研究综述 [J]. 地域研究与开发, 2005, 24（2）.

[13] Crompton J. L. Motivations For Pleasure Vacation [J]. Annals of tourism Research, 1979, 6（4）: 408-424.

[14] Getz D. Cheyne J. Specia Event Motives And Behavior [A].//Ryan C. The Tourist Experience [C]. Continuum: London And New York, 2002: 137-155.

[15] Lohn L Crompton, Stacey L Mckay. Motives of Visitors Attending Festival Events [J]. Annals of Tourism Research, 1997, 24（2）: 425-439.

[16] Uysal M. Gahan L, Martin B. An Examination of Event Motivations: A Case Study [J] Festival Management & Event Tourism, 1993. 1（I）: 5-10.

[17] 约翰·斯沃布鲁克, 苏珊·霍纳. 旅游消费者行为学 [M]. 俞慧君, 张鸥, 漆小燕译. 北京: 电子工业出版社, 2004.

[18] 克里斯·库珀, 约翰·弗莱彻, 大卫·吉尔伯特, 等. 旅游学———原理与实践（第二版）[M]. 张俐俐, 蔡利平译. 北京: 高等教育出版社, 2004.

[19] Choong Ki L. A Comparative Study of Caucasian And Asian Visitors To A Cultural Expo In An Asian Setting. [J]. Tourism Management, 2000, 21（2）: 169-176.

[20] Nina K. Prebensen, Eunju Woo, Joseph S. Chen, And Muzaffer Uysal. Motivation And Involvement As Antecedents of The Perceived Value of The Destination Experience [J]. Journal of Travel Research, 2012: 52（2）253-264.

[21] Kim S S, Choongki L, Klenosky D B. The Influence of Push And Pull Factors at Korean National Parks [J]. Tourism Management, 2003, 24（2）: 169-180.

[22] Mohr K., K. F. Backman, L. W. Gahan, And S. J. Backman. An Investigation of Festival Motivations And Event Satisfaction By Visitor Type. Festival Management And Event Tourism 1993（1）: 89-97.

[23] Dewar K, Meyer D, Li W M. Harbin. Lanterns of Ice, Sculptures of Snow [J]. Tourism Management, 2001, 22（5）: 523-532.

[24] Lohn L Crompton, Stacey L Mckay. Motives of Visitors Attending Festival

Events [J]. Annals of Tourism Research, 1997, 24（2）: 425- 439.

[25] 王洋, 张建涛, 陈珂, 等. 大型节事志愿者动机对满意度及行为意向的影响——以十二运高校志愿者为例[J]. 江苏商论, 2015（9）: 43-47.

[26] Beh A., Bruyere B. L. Segmentation By Visitor Motivation in Three Kenyan National Reserves [J]. Tourism Management, 2007, 28（6）: 1464-1471.

[27] Thompson K., Schofield P. Segmenting and Profiling Visitors To The Ulaanbaatar Naadam Festival by Motivation[J]. Event Management, 2009, 13（1）: 1-15.

[28] Choong-Ki Lee, Tae-Hee Lee.World Culture Expo Segment Characteristics[J]. Annals of Tourism Research, 2001, 28（3）: 812-816.

[29] 朱诗荟, 姜洪涛. 节事活动参与者的动机研究——以中国南京国际梅花节为例[J]. 北京第二外国语学院学报, 2012（11）: 66-72.

[30] 龙涛, 张延平. 大型节事中志愿者参与动机的实证研究——以 2010 年上海世界博览会为例[J]. 旅游学刊, 2011（04）: 66-72.

[31] Dann G., Phillips J. Qualitative Tourism Research in the Late Twentieth Century and Beyond [A]. Faulkner B, Moscardo G., Laws E., Tourism In The Twenty-First Century: Reflections on Experience [C]. London: Continuum, 2001.

[32] Ralston L., Crompton, L.J. Motivations, Service Quality and Economic Impact of Visitors To The 1987 Dickens on The Strand Emerging From A Mail-Back Survey [R]. College Station, TX: Texas A&M University, 1988.

[33] Uysal M., Backman, K., Backman, R. D. Bratton, F. M. Go, J. R. B. Richie S. & Potts, T. Examination of Event Tourism Motivations and Activities [J]. New Horizons In Tourism and Hospitality Education, Training, and Research, 1991, 3（3）: 203-218.

[34] Backman K F, Backman S. J., Uysal M., Et Al. Event Tourism: An Examination of Motivations and Activities [J]. Festival Management & Event Tourism, 1995, 3（1）: 15-24.

[35] Nicholson R., Pearce D. G. Who Goes To Events: A Comparative Analysis of the Profile Characteristics of Visitors to Four South Island Events in New Zealand [J]. Journal of Vacation Marketing, 2000, 6（6）: 236-253.

[36] Lee C. K., Lee Y. K., Wicks B E. Segmentation of Festival Motivation By Nationality and Satisfaction [J]. Tourism Management, 2004, 25（1）: 61-70.

[37] Li, M., Huang, Z., & Cai, L. A.Benefit Segmentation of Visitors to Rural Community-Based Festival [J].Journal of Travel & Tourism Marketing, 2009, 26（5/6）:

585-598.

[38] Formica S., Uysal M. A Market Segmentation of Festival Visitors: Umbria Jazz Festival in Italy [J]. Festival Management & Event Tourism, 1995, 3 (4): 175-182.

[39] Schofield P., Thompson K, Dickinson J, Et Al. Visitor Motivation, Satisfaction and Behavioural Intention: The 2005 Naadam Festival, Ulaanbaatar [J]. International Journal of Tourism Research, 2007, 9 (5): 329-344.

[40] Uysal M, Gahan L., Martin B. S. An Examination of Event Motivations: A Case Study [J]. Festival Management & Event Tourism, 1993, 1 (1): 5-10.

[41] Backman K. F., Backman S. J., Uysal M., Et Al. Event Tourism: An Examination of Motivations and Activities [J]. Festival Management & Event Tourism, 1995, 3 (1): 15-24.

[42] Foster K., Robinson P. A Critical Analysis of The Motivational Factors That Influence Event Attendance In Family Groups [J]. Event Management, 2010, 14 (2): 107-125.

[43] Allen J., O'Toole, W., Mc Donnell, I., & Harris, R. Festival and Special Event Management (3rd Ed.) [M]. Milton, Queensland: John Wiley & Sons Australia, 2005.

[44] Ralston L., & Crompton, J. L. Motivation, Service Quality and Economic Impact of Visitors to The 1987 Dickenson The Strand Emerging From a Mail Back Survey (Rep. No. 3 For Galveston Historical Foundation). College Station: Texas A&M University, Department of Recreation and Parks, 1988.

[45] Egres I., Kara F. Motives of Tourists Attending Small-Scale Events: The Case of Three Local Festivals and Events in Istanbul, Turkey. [J]. Geojournal of Tourism & Geosites, 2014, 14 (2): 94-111.

[46] Scott D. A Comparison of Visitors' Motivations to Attend Three Urban Festivals [J]. Festival Management & Event Tourism, 1996 (3): 121-128.

[47] Yolal M., Woo E, Cetinel F, Et Al. Comparative Research of Motivations Across Different Festival Products [J]. International Journal of Event and Festival Management, 2012, 3 (1): 66-80.

[48] Kim H., Borges M C, Chon J. Impacts of Environmental Values on Tourism Motivation: The Case of FICA, Brazil [J]. Tourism Management, 2006, 27 (5): 957-967.

[49] Li X., Petrick J. F. A Review of Festival and Event Motivation Studies [J].

Event Management, 2006, 9（4）: 239-245.

［50］Samuel Seongseop Kim, Choong_Ki Lee, David B Klenosky. The Influence of Push and Pull Factors at Korean National Parks［J］. Tourism Management, 2003, 24（2）: 169-180.

［51］于静娜. 大型节事参与者旅游动机研究——以潍坊国际风筝节为例［D］. 浙江工商大学硕士学位论文, 2013.

［52］李伟, 许忠伟, 魏翔. 北京春节庙会游客动机研究［J］. 北京社会科学, 2011（1）: 105-106.

［53］Yuan J., Cai L. A., Morrison A M, Et Al. An Analysis of Wine Festival Attendees' Motivations: A Synergy of Wine, Travel, and Special Events［J］. Journal of Vacation Marketing, 2005, 11（11）: 37-54.

［54］Kim H., Borges M. C., Chon J. Impacts of Environmental Values on Tourism Motivation: The Case of FICA, Brazil［J］. Tourism Management, 2006, 27（5）: 957-967.

［55］Choong-Ki Lee, Tae-Hee Lee. World Culture Expo Segment Characteristics［J］. Annals of Tourism Research, 2001, 28（3）: 812-816.

［56］凌寒, 扎克·乔治. 好奇心取决于已知［J］. 世界科学, 2016（04）.

［57］余青, 吴必虎, 殷平, 等. 中国城市节事活动的开发与管理［J］. 地理研究, 2004, 23（6）: 845-855.

［58］Mcdowall, S. A comparison between thai residents and non-residents in their motivations, performance evaluations, and overall satisfaction with a domestic festival［J］. Journal of Vacation Marketing, 2010, 16（3）: 217-233.

［59］Hamarat, B., & Duran, E. Festival attendees' motivations: the case of international troia festival［J］. International Journal of Event & Festival Management, 2014, 5（2）: 146-163.

［60］Matheson, C. M., Rimmer, R., & Tinsley, R. Spiritual attitudes and visitor motivations at the beltane fire festival, edinburgh［J］. Tourism Management, 2014, 44（13）: 16-33.

［61］Bowen, H. E., & Daniels, M. J. Does the music matter? motivations for attending a music festival［J］. Event Management, 2003, 9（3）: 155-164.

［62］Young H. Kim, Ben K. Goh, & Jingxue（Jessica）Yuan. Development of a multi-dimensional scale for measuring food tourist motivations［J］. Journal of Quality Assurance in Hospitality & Tourism, 2010, 11（1）: 56-71.

[63] 陈楠, 苗长虹. 节事举办地居民休闲制约、休闲动机与节事参与结构模型研究——以开封清明文化节为例 [J]. 旅游论坛, 2015 (5): 19-25.

[64] Earley P. C., Singh H. International and Intercultural Management Research: What's Next [J]. Academy of Management Journal, 1995, 38 (2): 327-340.

[65] Mimi Li, Hanqin Zhang, Liping A. Cai. A Subcultureal Analysis of Tourism Motivations [J]. Journal of Hospitality & Tourism Research, 2016, 40 (1): 85-113.

[66] Decie L., Ryanrm. Intrinsicmotivation and Self-Determination in Human Behavior [M]. New York: Plenum, 1985: 10-25.

[67] Alexandris K., Tsorbatzoudis C., Grouios G. Perceived Constraints on Recreational Sport Participation: Investigating Their Relationship With Intrinsic Motivation, Extrinsic Motivation And Amotivation. [J]. Journal of Leisure Research, 2002, 34 (3): 233-252.

[68] Yoon Y., Uysal M. An Examination of the Effects of Motivation and Satisfaction on Destination Loyalty: A Structural Model [J]. Tourism Management, 2005, 26 (1): 45-56.

[69] Croes R., Lee S H. Women At A Music Festival: Biological sex Defining Motivation and Behavioral Intentions [J]. Event Management, 2015, 19 (2): 275-289.

[70] Smith S., Costello C., Muenchen R A. Influence of Push and Pull Motivations on Satisfaction and Behavioral Intentions Within a Culinary Tourism Event. [J]. Journal of Quality Assurance In Hospitality & Tourism, 2010, 11 (1): 17-35.

第四章 节事活动的游客参与与满意度的关系

一、引言

（一）研究背景

节事活动具有地方性、经济性、文化性、娱乐性、大众性、民族性等多种特性，对城市发展、丰富人们精神生活有着强有力的推动作用。调查研究显示，到2010年10月为止，我国年节事活动数量已经超过1万[1]。奥运会和世博会的成功举办成为我国节事活动发展的助推器，扩大了节事活动的影响和规模[2]。

作为特殊吸引物的节事活动，正在受到游客越来越多的关注，节事活动的成功举办对于提升举办地的知名度和美誉度具有重大意义[3]。目前，游客已经不再满足于单一的、传统的观光型旅游方式，这是由于旅游需求结构的改变，以及游客对旅游服务要求的提高。旅游活动创新的重点，在于游客的亲身体验和高参与性。而最佳的体验效果源自于游客完全投入在旅游活动中[4]。节事活动因其较高的参与性和体验性，正在成为能够满足这一新要求的重要的旅游吸引物。衡量节事活动成功与否的重要指标之一，是节事活动参与者的满意度，满意度决定着节事活动是否能平稳顺利进行[5]，决定着节事活动的长期发展。

尽管节事活动主办方对参与者满意度的提高一向非常重视，但是由于节事活动多数由政府主办，受此机制的限制，当地居民和游客的参与程度不理想。有些节事活动"不接地气"，缺乏传统文化的基础以及与人民生活的连接，知名度不高，导致节事参与人数达不到理想的规模，降低了节事活动的欢乐氛围和整体服务质量，最终，导致整体满意度水平偏低。同时，由于缺乏监管机制、举办经验不足、市场化程度不高等原因，目前节事活动质量良莠不齐，参与者满意度尚需提高。因此，节事活动满意度的理论研究显得尤其重要，提高节事活动参与者满意度成为了节事活动发展的关键。

在传统的顾客理论中，期望与满意度是负相关的关系。但是，节事活动是一种非实体产品，不仅具有实体经济的特征，更多的会受到非实体经济的影响。节事活动产品的生产和消费是同时进行的，参与者参与节事活动的过程既是节事产品的生产过程，也是消费过程。那么节事活动期望和满意度之间的关系是与实体产品相一致还是另辟蹊径？这一问题的答案对于节事活动的营销方式和举办模式、提高节事活动质量、打造品牌节事活动均具有重要的意义。

现有关于节事活动满意度的研究主要集中在满意度影响因素方面，大多集中在动机、活动安排、场地设施、交通、氛围、服务等方面，但是对于期望和满意度的内在逻辑关系讨论得较少，也缺乏对跨学科相关理论的引用。本文在总结现有研究成果的基础上，将顾客管理理论中的期望引入对节事活动满意度的研究中，通过研究参与者期望在游客参与和体验效用两个变量的影响下，最终对满意度产生作用，讨论了传统的满意度理论在节事活动中是否适用。也对在商品经济到体验经济的转型中，"期望越高，失望越大"的理论是否依旧适用进行探讨。

（二）研究思路和方法

1. 研究思路

本文拟通过文献的梳理构建模型，通过问卷调查并运用 AMOS 软件对理论模型进行验证。共分为七个部分：绪论、文献综述、模型的构建和假设的提出、变量测量、数据获取与分析、假设检验与结果分析、结论与展望。

绪论部分主要介绍本文的研究背景、意义和目的以及创新点。

文献综述部分介绍目前国内外的研究内容、方法和现状，进一步说明本文的意义和创新点。

模型的构建和假设的提出部分通过现有文献和逻辑推导，提出本文的理论模型和假说。

变量测量部分对各变量的概念进行界定，基于现在文献中对于期望、参与、体验效用和满意度的测量，参考节事活动的特殊性做调整，确定测量题项以及调查问卷的内容。

数据获取与分析部分主要对问卷的获取方式、样本构成进行阐述，并对所得数据进行初步的分析，得出结果。

假设检验与结果分析部分对得出的结果进行分析和解释，得出最终的模型。

结论与展望部分对实证部分得出的结果进行讨论，得出结论，根据结果提出节事营销、节事活动组织的建议，以及如何通过提高参与者预期和参与性从而提高参与者的满意度，并对本文的不足方面加以讨论，对未来的研究方向提出建议。

2. 研究方法

（1）文献研究法

通过收集中国知网、谷歌学术搜索等网站的文献，通过适当的逻辑推演，提出本文的研究假设和理论模型及问卷的设计。

（2）问卷调查法

通过文献研究，得到模型中各指标的测量维度，进行问卷的设计，并对节事活动进行问卷调查，对提出的理论模型和假设进行检验。

（3）统计分析法

借助 SPSS、AMOS 等软件，用因子分析、结构方程模型等对问卷的结果进行分析，对提出的理论模型和假设是否成立进行验证。

（4）跨学科分析法

本文是将顾客管理理论、组织行为学理论、心理学、旅游学中的相关文献和研究成果应用在对会展业的研究中，并对原有的理论成果进行讨论和拓展。

二、相关文献综述

（一）体验经济

阿尔文·托夫勒是最早提出"体验经济"的概念的学者。他认为服务经济之后的最新发展浪潮将是体验经济。但是托夫勒的观点逐渐埋没在众多经济理论中，在当时的学界并没有得到足够的认可。1998年，美国经济学家派恩和吉尔摩在论文和书籍中专门深刻阐述了体验经济，体验经济才又一次出现在经济理论的舞台上。派恩和吉尔摩将"体验经济"定义为：体验经济是企业以服务为舞台，以商品为道具，以消费者为中心，创造能够使消费者参与、值得消费者回忆的活动的经济形态[6]。

现有关于体验经济和旅游、节事的研究多数集中在体验经济对旅游、节事的影响以及体验经济对于旅游、节事的重要性等方面。国内相关研究认为体验经济的到来要求增强旅游、节事产品的体验性以满足游客需求[6-15]。但目前缺乏实证研究和理论基础。国外相关研究拓展和应用了派恩和吉尔摩的体验经济理论。该理论将体验经济分为教育、娱乐、审美、逃离四个体验维度。如艾卡特里斯·曼蒂奥 Aikaterini Manthiou 等（2012）以维希亚（Veishea）节日为例，证明美好的回忆对于忠诚度有明显的正向作用，但四个维度中只有娱乐和审美体验维度对忠诚度具有直接的显著影响[16]。梅哈米·美特奥卢（Mehmet Mehmetoglu）和马里·恩（M Arit Engen）（2011）证明教育、娱乐、审美、逃离这四个维度确实可以帮助加深对体验经济的理解，但是这四个维度在不同的旅游环境下，对总体满意度的显著性影响不同[17]。桑德拉·玛利亚（Sandra Maria Correia Loureiro，2014）也应用了派恩和吉尔摩的体验经济理论，通过实证研究发现较高的体验会通过影响游客心情和回忆，进而影响游客的行为意向和地方认同[18]。通过以上研究可以看出，体验经济确实对游客的满意度、忠诚度等重要指标存在影响，因此在旅游形式的开发和产品的设计上要注重体验性的应用。基于此，安德雷吉·斯塔西亚克（Andrzej Stasiak，2013）提出体验经济的到来使得未来旅游市场不仅集中在自然和人文资源丰富的地方，更集中在能为游客创造独特的经历、情感的地方。未来的旅游产品可以在空间和活动两个维度上进行创新组合，包括新空间的传统活动、新空间的创新活动、老空间的新活动和老空间的老活动[19]。

（二）期望与满意度

关于期望和满意度关系的研究源自顾客管理理论。现有文献中关于期望与满意度关系的研究主要有两种观点：正向的关系和负向的关系。

奥利弗（Oliver）的期望差异模型，证明了期望和满意度是负相关的，满意度等于行动后感知到的服务质量减去行动前的期望值[20]，当顾客感知服务质量不及预期，他们往往会感到失望；顾客感知质量大于预期，他们会觉得快乐（寿志钢、王峰、贾建民，2011）[21]。丘吉尔（Churchill）和蒂斯

（Teas）提出"符合期望过程"的概念，即顾客期望和符合期望过程是负相关的关系，期望越高，越可能造成消极的符合期望过程；而期望越低，越可能造成积极的符合期望过程。符合期望过程会积极影响顾客满意程度，所以，期望对满意度是负向的影响[22]，支持了奥利弗（Oliver）的观点。目前支持此观点的文献占多数。如查金祥、王立生（2006）通过以购物网站为调查对象，发现网络消费者对购物网站的期望与满意程度是负向的关系[23]。谢彦君、吴凯（2000）提出造成游客失望的原因是真实的体验效用水平偏低以及旅游者自身期望过高[24]。

感知业绩模型是期望与满意度正向关系的主要支持模型。该模型中期望通过正向影响感知业绩，进而对顾客综合评价产生正向影响[25]。这可以用比马龙效用来解释。比马龙效应指人如果期待别人对自己的正面评价，就会好好努力地表现；若不期待别人喜欢自己，就会表现得比较懈怠[26]。因此顾客期望直接影响顾客感知服务质量，顾客期望间接正向影响顾客满意感（汪纯孝、岑成德、王卫东、朱沆，1999）[27]。

综上，目前学者关于期望与满意度的关系并未达成一致。其原因可能与测量工具、文化因素、理论依据和行业背景有关[28]。在节事活动中，期望与满意度的关系如何，还需进一步讨论和研究。

（三）期望、参与和体验效用

以期望、参与与体验效用为关键词进行检索，未搜索到相关文献。但是，三者之间的关系可以借鉴组织行为学的相关理论。美国的心理学家弗鲁姆（Vroom）在1964年提出了著名的期望理论，认为员工在付出努力前会考虑付出努力是否能带来好的结果[29]。努力与绩效的关系和参与与体验效用之间的关系异曲同工。而努力与绩效的关系受到个人对目标的期望程度的影响（林罡，2001）[30]，因此可以推断期望会影响参与和体验效用之间的关系。该理论在人力资源的相关研究中有广泛的应用[29-34]。

（四）皮革马利翁效应

皮革马利翁效应是指人们基于某种情境的知觉而形成的期望或预言，并使该情境产生适应这一期望或预言的效应[35]。该理论在人力资源研究中也有广泛的应用，尤其是在员工激励的相关研究中[35-37]。研究表明，如果企业为员工制造出一种情境，在这种情境中，员工受到鼓励产生自我期望或预言，那么他就会付出更多的努力来实现这一期望或预言。根据该理论可以推断，当节事活动参与者的期望越高，他越会产生使这次体验经历适应这一期望的心理暗示，因此会提高参与度，为使本次节事体验经历符合期望值付出努力。

（五）节事活动参与研究

现有对于节事活动参与的研究可以分为两个类别：一类是研究节事活动参与的重要性，另一类研究参与的影响因素。

重要性方面，四郎旺秋（2011）指出只有大众的充分参与，才能称之为节庆。在节庆旅游产品的设计上，要思考怎样实现大众化以及怎样调动大众的参与性[38]。吴玉宝（2010）提出提高节事活动的参与度对节事活动的可持续发展起着决定性的作用，并指出提高节庆参与度需要抓住三个要点：快乐性、简单性和差别性[39]。可见，提高节事活动的参与度，不仅是体验经济时代的要求，更是节事活动长期可持续发展的必经之路。卢璐（Lulu）等（2015）通过实证研究证明参与度显著影响游客体验和满意度[40]。高永杰（Yong Jae Ko）等（2009）通过对美食类节庆进行研究，提出参与度会通过影响感知质量，进而影响满意度[41]。因此可以看出，参与度与满意度息息相关，而参与者满意是节事活动得以生存和发展的关键，因此也可以说明节事活动参与性的重要意义。

参与度的影响因素方面的研究大多运用实证研究的方法，配合因子分析、方差分析、层次分析等统计学方法的使用对节事活动参与的影响因素进行分析、总结和归纳。这些影响因素可以分为积极影响因素和消极影响因素。姚海琴（2006）用层次分析法分析了节事活动大众参与度的影响因素，最终得到节庆主题因素、节庆文化因素、游客的现场感知因素、主办方因素和外部环境因素五方面影响因素[42]。朱诗荟、姜洪涛（2013）运用推-拉理论，提出参与者的动机有"发展""娱乐""好奇""情感""舆情引导"和"节事吸引"等因素[43]。左平（2013）从另一个角度切入，借鉴了国外"参与约束"的概念，发现节事活动参与约束包括内在约束、人际约束和结构约束，且节事活动的游客参与约束与约束谈判、参与动机以及满意度与行为意向之间存在显著的相互关系和影响[44]。

（六）节事活动体验研究

现有对于节事活动体验的研究定性研究和定量研究都有，定性研究居多，研究结论相似，均认为应增加旅游节事的体验性，以更好地满足游客需求[45-48]。节庆旅游体验的核心是一种暂时性的、超越时间和空间的体验，这种体验是由游客参与活动带来的（马凌、保继刚，2012）[47]。节庆活动是一个体验的过程，而只有通过游客一次次地参与，这种体验才能体现。具有文化性的活动更能满足游客需求，让游客感受到此行的价值（李堃，2008）[48]。策略建议方面，汪霞、黄佩（2011）构建了节事活动可持续发展的基本模型，提出了旅游节庆发展的新思路与方法，即重构惯常生活世界、营造旅游氛围和旅游活动的重新设计、注重社区居民与旅游者互动[45]。而定量方面是通过"感知价值"来衡量体验[49, 50]，通过文献总结和访谈等形式构造测量模型，以某一节事活动为例，研究体验与其他变量的关系。如马凌、保继刚（2011）提出游客体验傣族泼水节的感知价值维度包括七个：文化认知、享乐、社交、服务、经济便利、情境和功能价值[47]。汪子文等（2014）提出游客体验体育节庆旅游感知价值维度主要包含休闲娱乐、情感、情景、服务以及文化认知价值等[50]。

（七）节事活动满意度影响因素

对于参与者满意度的研究，理论模型依据种类较多，通过对参与者实际感受值进行满意度测评研究占大多数，还有部分研究应用期望差异理论（陈丽荣、苏勤，2007）[51]。现有的研究大多为实证研究，即通过对一个或几个有代表性的节事活动进行调查，对所获得的数据结果进行统计分析，来验证假设或模型。

通过研究和总结现有文献，影响节事活动满意度的因素主要有期望、动机、活动安排、场地设施、交通、氛围、服务以及其他因素。影响因素主要是运用访谈法、文献法得出，再用实证研究进行验证。

表 4-1 节事活动满意度影响因素

影响因素	文献
期望	游客期望对满意度的影响是两方面的。一方面，根据消费者行为理论，游客期望是游客做出旅游决策的重要动机；另一方面，游客期望是游客对旅游目的地提出的标准和要求，如果期望过高，兑现起来难度很大，极其容易导致游客不满意（汪侠、梅虎，2006）[52] 如果游客的期望高于感知绩效，那么游客就会不满意；若游客的感知绩效符合期望，那么游客会满意；如果游客感知绩效超过期望，游客就会非常满意，那么节事主办方就达到了提高游客满意度的目的（陈琳，2013）[53] 如果旅游前期望值较高，但是游客感受到的实际价值较低，就会造成整体满意度偏低（蔡礼彬、刘姣，2013）[1]
动机	参与者文化性体验、追求自然的好奇心、人际因素、教育意义、逃离日常生活和家庭亲和性六个动机会对满意度产生影响（侯睿智，2012）[54] 李忠（Choong-Ki Lee）等（2004）等以2000年韩国世博会为例，根据动机和国籍将游客分类，将动机分为文化探索、家庭团聚、好奇心、逃离、节庆以及社交，提出动机、游客类型都会影响满意度[55] 李伟等（2011）以北京庙会为例，提出饮食是北京游客再次参与春节庙会的重要因素[56]
活动安排	李勇提出节事活动内容安排对于参与者满意度非常重要，而满意度又会影响忠诚度（Yong-Ki Lee等，2008）[57]
场地设施	园区基本设施对满意度有直接影响（张岚、赵金凌、李晏墅、侯国林，2012）[3] Wan提出设施，如座位、休息区、停车场、休息室等对满意度有显著影响（Wan，2012）[58]
交通	便利的交通会增加游客的满意度（聂鹏洁、陈英毅，2013）[59]
环境	住宿环境、餐饮质量、干净舒适的环境也对满意度有正向影响（聂鹏洁、陈英毅，2013）[59]
氛围	Wan认为，环境、观众、气氛对满意度有显著影响（Wan，2012）[58] 法兰·卡拉毕伊·莫雷诺（Ferran Calabuig Moreno，2015）认为观众情绪会影响节事活动服务质量，节事活动服务质量会影响满意度和感知价值，进而影响观众未来的参与意向[60]
服务质量	专项服务对游客满意度有显著的正向影响（张岚、赵金凌、李晏墅、侯国林，2012）[3] 志愿者以及服务人员的服务态度会对节事活动的满意度具有正向影响（聂鹏洁、陈英毅，2013）[59] 节事活动服务质量会对满意度造成影响[61] 尹（Yoo-Shik Yoon，2010）提出节事活动的质量由信息服务、活动安排、纪念品、食品、设施决定，而节事活动的质量与游客感知价值是正相关的关系，游客感知价值与满意度是正相关的关系[61]

续表

影响因素	文献
其他	参与前的心情（Wan，2012）[58] 货币成本越高，游客满意度越低（陈琳，2013）[53] 活动规模（Wan，2012）[58]

从上表可以看出，关于期望、动机和服务质量对满意度影响的研究较多，但目前鲜有关于游客参与和体验效用对满意度影响的文献，其他学科的理论在节事活动满意度的研究中应用较少。

（八）文献评述

对体验经济的研究在国外已经较为成熟，但是在国内相关研究较少，现有关于体验经济和旅游、节事的研究多数集中在体验经济对旅游、节事的影响以及体验经济对于旅游、节事的重要性方面，研究的深度和广度尚显不足，研究大多缺乏理论和实证支撑。

传统的满意度理论已经较为成熟，在各个领域都有所应用。而目前对节事活动的研究多数为实证研究，以某一节事活动为例居多，这与节事活动自身的特质有关。但是，无论是对节事活动参与、体验还是满意度的研究，均存在研究方法单一、具有相似性，并且缺乏对跨学科的理论的拓展和探讨的问题，对某一个节事活动的研究普适性尚需讨论，也鲜有对于影响节事活动满意度因素之间关系的讨论。

三、模型的构建和假设的提出

展望理论提出"容忍区域"的概念。当顾客"将要发生的"期望落在容忍区域上面时，顾客参与和期望是正相关的关系[62]。由于节事活动产品生产和消费同时进行，参与者在参加节事活动时相当于已经做出了购买决策，因此其期望一定在容忍区域之上。因此，参与者的期望和参与度是正相关的关系。

顾客参与会通过影响顾客感知价值、组织认同，进而影响顾客体验[63]。顾客参与是顾客的一种投入和努力，是顾客与企业之间智慧、精力、感情上的互动。在体验经济时代，这些互动可以间接地提高产品价值，且参与过程本身就是顾客收益的创造过程[64]。节事活动参与者通过投入、参与到节事活动中，创造了节事产品价值，并且参与度越高，其通过节事产品获得的收益就越高，满意度也会越高。

同时，顾客参与深度会对顾客体验效用产生正向的影响，即顾客参与度越高，体验效用也越高，体验效用在接近满意值时增长最快[65]。节事活动作为一种非实体商品更是如此。在节事活动中，观众不仅是活动的参与者，更是共同生产者，他们通过影响活动氛围，不仅会影响节事组织的效用和服务质量，还会影响自身的心理和行为体验。从这个意义上讲，他们不再是独立于节事活动之外的单纯消费者[66]。体验的前提是参与。节事活动是客体和主体之间互动作用的结果，是参与者的心灵的一种感悟与领会。如果没有亲身参与并在参与中思索与体会，仅仅是走马观花似的旁观，仍得不到真正的体验。欲引起游客的共鸣，达到最高的体验效用，就要将游客的各感官体验调动得越多越好[46]。因此，在节事活动中，参与者的参与度会对其体验效用和满意度形成影响。

顾客理论中，大量的研究都证实了顾客体验和顾客满意之间的正相关关系。在节事活动中，梅哈米·美特奥卢和马星·恩（Mehmet Mehmetoglu、Marit Engen）（2011）通过对不同类型的节事活动进行研究，提出节事参与者的满意度受到不同体验维度的影响[17]。聂鹏洁（2013）以青岛啤酒节为例，提出节事参与者体验效用对其满意度有显著的正向影响关系[67]。

根据传统的满意度理论，期望对满意度也存在着直接的负向影响。节事活动期望和满意度的最终关系，受到几条路径的共同影响。

因此，我们可以得出如下假设：

H1：参与者期望与参与度显著正相关；

H2：参与者参与度与体验效用显著正相关；

H3：参与者在节事活动中的体验效用与满意度显著正相关；

H4：参与者参与度与满意度显著正相关；

H5：参与者期望与体验效用显著正相关；

H6：参与者期望和满意度显著负相关。

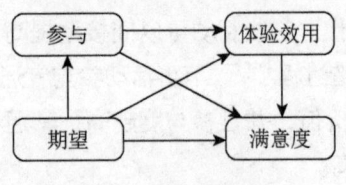

图 4-1　假设模型 M1

四、变量测量

测量指标的选取主要借鉴现有文献中对于期望、参与、体验效用和满意度的定量研究。除了借鉴节事活动的相关文献，由于节事活动与旅游业的相关性，也借鉴了旅游业的相关文献。由于本文仅探索期望、参与、体验效用和满意度四个变量之间的关系，无须将变量细化为不同的维度，所以在测量指标的选取上，均选择了直接测量潜在变量的可测变量。有些文献所研究的节事活动较为细分，测量指标带有某一类节事活动的强烈特征，不具有普适性，本文根据研究需要进行了修改和调整。

（一）期望

消费者期望是指顾客在购买产品或服务前对产品或服务的预期结果或表现所持有的看法[68]。根据此定义，本文将节事活动参与者期望定义为：节事活动参与者在实施购买决策前，对节事产品或服务的预期结果或表现所持有的看法。

对于节事活动期望的测量，本文借鉴黄向、王纯阳、李翔（Xiang Li）、汪子文等的测量指标。

表 4-2　节事活动期望测量指标

可测变量	来源
体验娱乐活动	黄向（2008），王纯阳、屈海林（2013），李翔等（2011），汪子文等（2014）
社交	黄向（2008），汪子文等（2014）
文化体验	黄向（2008），王纯阳、屈海林（2013），汪子文等（2014）

(二)参与

参与的概念源于顾客行为领域,指的是一个人致力于一个活动、产品或经历的程度。体验经济对节事活动的参与性提出了全新更高的要求,于是参与性是衡量节事活动是否成功的重要标准。这就要求游客和社区居民成为节事活动的主人,既要做节事活动的参与者,同时也要做节事活动的创造者,从传统的观察、观光到多感官、全身心地投入[39]。

由于旅游业与节事活动具有一定的相似性,因此劳埃德(Lloyd)提出的参与测量模型对本文有较大的借鉴作用。根据节事活动这一行业的特殊性,本文对指标进行了调整。

表 4-3 节事活动参与测量指标

可测变量	来源
您为参与这个节事活动付出了努力	劳埃德(Lloyd, 2003),作者改编
参与此节事活动花费您很多时间	劳埃德(Lloyd, 2003),作者改编
参与此节事活动需要完成很多步骤和阶段	劳埃德(Lloyd, 2003),作者改编

(三)体验效用

行为经济学家卡尼曼(Daniel Kahneman)提出了关于效用概念的二分法,他认为效用可分为决策效用与体验效用。其中前者指某一选择相对于其他选择的重要程度,而体验效用指由某一选择带来的快乐体验,即偏重效用的快乐含义[69]。也有学者通过研究消费体验效用,将体验效用定义为消费者在体验消费过程中因为新奇的消费体验而获得的心理和生理上的满足状态[70]。结合以上两种定义,本文将节事活动的体验效用定义为:节事活动参与者在参与节事过程中所获得的心理和生理上的快乐体验。

目前,国内外对于体验效用的测定还无统一的看法。施密特(Schmitt, 1999)根据人体大脑功能,将体验分为感官体验、情感体验、思维体验、行动体验和关系体验[71]。派恩(B. Joseph Pine)根据消费者参与的主动程度、是融入情境还是吸收信息将体验分为娱乐体验、教育体验、逃避体验和审美体验[72]。杜建刚、范秀成在总结二者研究成果的基础上,根据旅游业的特征,将旅游体验分为功能体验、感官体验、情感体验、社会体验和知识体验[71]。本文根据节事活动的特征对该量表进行修改。

表 4-4 节事活动体验效用测量指标

简称	可测变量	来源
感官体验	参与此节事过程中视觉、听觉、触觉、嗅觉等的体验	杜建刚、范秀成（2007），作者改编
社会体验	参与此节事过程中增进了友谊和亲情	杜建刚、范秀成（2007），作者改编
知识体验	参与此节事过程中开阔了视野、了解了历史、调动了好奇心和求知欲、获取了独特的知识体验	杜建刚、范秀成（2007），作者改编

（四）满意度

霍沃德（Hwoard）和佘（Sheh）将顾客满意定义为消费者在实现购买的过程中所付出的代价与所得到的回报能否达成一致的感知状态[67]。而节事活动满意度是节事旅游参与者的一种心理反应，即游客对一次消费、参与、体验节事旅游产品或服务经历的累积性总体评价[54]。本文结合以上两种观点，将节事活动满意度定义为参与者在体验和消费节事产品或服务的过程中，将所感知到的收益与所耗费的时间、体力进行比较后的评价。本文借鉴哥斯佐米尔（Gokçe Özoemir）、奥斯曼切里扬（Osman Çulha）的指标进行满意度测量。

表 4-5 节事活动满意度测量指标

指标	可测变量	来源
满意度	总体上我对这个节事活动满意	Gokçe Özoemir、Osman Çulha（2009）
	下次我还愿意参加这个节事活动	Gokçe Özoemir、Osman Çulha（2009）
	我会向亲友推荐这个节事活动	Gokçe Özoemir、Osman Çulha（2009）
	我会用积极的词语向他人描述这个节事活动	Gokçe Özoemir、Osman Çulha（2009）

五、数据获取与分析

（一）数据获取

本文采用网上发放问卷的方法，于 2015 年 3 月 13—15 日对节事活动参与者进行了随机调查，被调查者来自全国各地。共发放问卷 210 份，其中有效问卷 202 份，有效率为 96.2%。问卷主要分为四个部分，即期望、参与、体验效用和满意度，测量题项分别为 3 个、3 个、3 个、4 个，共 13 项。

（二）样本描述统计

从性别来看，男性的比例为 42.6%，女性的比例为 57.4%，性别比例比较均衡；从年龄来看，以 18~25 岁为主，26~30 岁所占比例也超过 20%；从文化程度来看，以大学本科和研究生居多，所占比例分别为 61.9% 和 23.3%，其余各学历之和超过 10%；从职业来看，各种职业都有，但是学生群体、公司职员所占比例较大，比例分别为 52.5% 和 29.2%。总体来看，这样的样本分布符合节事活动参与者的特征。年轻群体精力旺盛、喜欢热闹和新鲜事物，占节事活动参与者的绝大多数。

表 4-6 样本描述统计

样本特征项	样本特征值	百分比（%）
年龄	18岁以下	1	0.5
	18~25	123	60.9
	26~30	50	24.8
	31~40	18	8.9
	41~50	5	2.5
	51~60	2	1.0
	60以上	3	1.5
	合计	202	100.0

续表

样本特征项		样本特征值	百分比（%）
性别	男	86	42.6
	女	116	57.4
	合计	202	100.0
文化程度	小学	4	2.0
	初中	1	0.5
	高中	8	4.0
	专科	15	7.4
	大学本科	125	61.9
	研究生	47	23.3
	其他	2	1.0
	合计	202	100.0
职业类别	公务员	4	2.0
	公司职员	59	29.2
	医生	4	2.0
	教师	12	5.9
	农民	2	1.0
	学生	106	52.5
	其他	15	7.4
	合计	202	100.0

（三）探索性因子分析

1. 可靠性检验

在进行因子分析之前，需要对样本数据进行可靠性分析，可靠性分析包括信度分析和效度分析两个方面。信度（Reliability）是指如果进行重复测试，问卷产生一致性结果的程度。信度的测量是通过确定同一问卷调查值之间的相关度来实现的，若相关程度高，则问卷可信；反之，问卷信度较低。通常用折半信度的平均——Cronbach's α 系数，来衡量问卷信度高低。效度（Validity）是指对象间调查值的差异反映的对象间真实值的差异程度。本文采用 SPSS22.0 软件中的 KMO 检验和巴特利特球形检验进行效度分析。其中，

KMO 的取值在 0 到 1 之间，越是接近 1，表示变量间的偏相关程度越低，进行因子分析提取公共因子的效果越好；巴特利特球形检验法的原则是当 sig 值小于 0.01 时，表示数据适合进行因子分析。

表 4-7 信度分析结果

量表	Cronbach's Alpha	项数
总体	0.935	13
期望量表	0.822	3
参与量表	0.894	3
体验效用量表	0.840	3
满意度量表	0.891	4

检验结果显示，基于标准化变量的 Cronbach α 系数为 0.935，且各因子的 Cronbach α 系数处于 0.822~0.894 之间，说明问卷测试结果可接受，各变量间的相关性较高。

2. 探索性因子分析

探索性因子分析过程中采用主成分分析法，取特征值大于 1，并使用最大方差法进行旋转计算，对因子载荷小于 0.5 的因子不予保留。本文所采用的量表均参考了国内外相关文献，说明了本文所使用的两部分测量量表都具有一定的内容效度。对于量表的结构效度，采用因子分析的方法来测量。本文采用 SPSS22.0 软件中的 KMO 检验和巴特利特球形检验进行效度分析。其中，KMO 的取值在 0 到 1 之间，越是接近 1，表示变量间的偏相关程度越低，进行因子分析提取公共因子的效果越好；巴特利特球形检验法的原则是当 sig 值小于 0.01 时，表示数据适合进行因子分析。

（1）期望量表

探索性因子分析过程中采用主成分分析法，取特征值大于 1，并使用最大方差法进行旋转计算，对因子载荷小于 0.5 的因子不予保留。对期望量表的三项指标进行探索性因子分析，KMO 值为 0.716，sig 值为 0，非常适合做因子分析。共提取一个因子，累计贡献率为 74.103%，因子载荷均大于 0.5，说明该量表具有较好的效度。

表 4-8 KMO 与 Bartlett 检定

Kaiser-Meyer-Olkin 测量取样适当性		0.716
Bartlett 的球形检定	大约 卡方	220.437
	Df	3
	显著性	0.000

表 4-9 说明的变异量统计

元件	其实特征值			提取平方和载入		
	总计	变异的 %	累加 %	总计	变异的 %	累加 %
1	2.223	74.103	74.103	2.223	74.103	74.103
2	0.435	14.503	88.607			
3	0.342	11.393	100.000			

表 4-10 元件矩阵

	元件
	1
对体验娱乐活动的期望	0.863
对社交的期望	0.840
对文化体验的期望	0.878

（2）参与量表

对参与量表的三项指标进行探索性因子分析，KMO 值为 0.738，sig 值为 0，非常适合做因子分析。共提取一个因子，累计贡献率为 82.660%，因子载荷均大于 0.5，说明该量表具有较好的效度。

表 4-11 KMO 与 Bartlett 检定

Kaiser-Meyer-Olkin 测量取样适当性		0.738
Bartlett 的球形检定	大约 卡方	366.854
	Df	3
	显著性	0.000

表 4-12　说明的变异量统计

元件	起始特征值			提取平方和载入		
	总计	变异的 %	累加 %	总计	变异的 %	累加 %
1	2.480	82.660	82.660	2.480	82.660	82.660
2	0.321	10.706	93.366			
3	0.199	6.634	100.000			

表 4-13　元件矩阵

	元件
	1
您为参与这个节事活动付出了努力	0.918
参与此节事活动花费您很多时间	0.926
参与此节事活动需要完成很多步骤和阶段	0.884

（3）体验效用量表

对体验效用量表的三项指标进行探索性因子分析，KMO 值为 0.728，sig 值为 0，非常适合做因子分析。共提取一个因子，累计贡献率为 75.889%，因子载荷均大于 0.5，说明该量表具有较好的效度。

表 4-14　KMO 与 Bartlett 检定

Kaiser-Meyer-Olkin 测量取样适当性		0.728
Bartlett 的球形检定	大约 卡方	241.477
	Df	3
	显著性	0.000

表 4-15　说明的变异量统计

元件	起始特征值			提取平方和载入		
	总计	变异的 %	累加 %	总计	变异的 %	累加 %
1	2.277	75.889	75.889	2.277	75.889	75.889
2	0.374	12.452	88.341			
3	0.350	11.659	100.000			

表 4-16　元件矩阵

	元件
	1
感官体验	0.866
社会体验	0.875
知识体验	0.873

（4）满意度量表

对满意度量表的四项指标进行探索性因子分析，KMO 值为 0.836，sig 值为 0，非常适合做因子分析。共提取一个因子，累积贡献率为 75.565%，因子载荷均大于 0.5，说明该量表具有较好的效度。

表 4-17　KMO 与 Bartlett 检定

Kaiser-Meyer-Olkin 测量取样适当性		0.836
Bartlett 的球形检定	大约 卡方	457.392
	Df	6
	显著性	0.000

表 4-18　说明的变异数统计

元件	起始特征值			提取平方和载入		
	总计	变异的 %	累加 %	总计	变异的 %	累加 %
1	3.023	75.565	75.565	3.023	75.565	75.565
2	0.401	10.018	85.582			
3	0.308	7.710	93.292			
4	0.268	6.708	100.000			

表 4-19　元件矩阵

	元件
	1
总体上我对这个节事活动满意	0.875
下次我还愿意参加这个节事活动	0.883

续表

	元件
	1
我会向亲友推荐这个节事活动	0.838
我会用积极的词语向他人描述这个节事活动	0.881

（四）样本均值分析

1. 各指标均值分析

根据表 4-20 可知，在期望方面，参与者对节事活动的期望平均值均在 5 以上，总体持较高的期望水平。参与度方面，各指标水平均在 4.5~5 之间，整体参与水平较高，但仍存在提升的空间。体验效用方面，各指标均在 4.9~5.3 之间，平均体验效用较高，其中知识体验的体验效用平均值最高，感官体验的体验效用最低，这是由于节事活动特有的文化性导致的。满意度方面，整体满意度水平较高，各指标均值在 4.7~5.2 之间，但是"下次我还愿意参加这个节事活动""我会向亲友推荐这个节事活动"两个指标的均值明显低于另外两个指标，说明重游意愿和口碑效应尚有提高的可能。从表 4-20 可以看出，无论是期望、参与、体验效用还是满意度，打分的最小值均为 1，最大值均为 7，依然存在部分参与者对节事活动持消极的态度，满意度较低。

在期望的三个可测变量上，女性的平均得分均比男性高，说明女性对节事活动的期望明显高于男性；而在参与度的三个可测变量上，男性的平均得分均比女性高，说明男性对节事活动的参与度明显高于女性；在体验效用的三个可测变量上，女性的平均得分均比男性高，说明女性对节事活动的体验效用明显高于男性；而在满意度的四个可测变量上，男性的平均得分均比女性高，说明男性对节事活动的满意度明显高于女性。

表 4-20 均值分析

潜在变量	可测变量	最小值	最大值	平均数	男	女	标准差
期望	体验娱乐活动	1.00	7.00	5.5545	5.4651	5.6207	1.19264
	社交	1.00	7.00	5.0446	5.0000	5.0776	1.39758
	文化体验	1.00	7.00	5.5297	5.3953	5.6293	1.27416

续表

潜在变量	可测变量	最小值	最大值	平均数	男	女	标准差
参与	您为参与这个节事活动付出了努力	1.00	7.00	4.5644	4.6977	4.4655	1.44150
	参与此节事活动花费您很多时间	1.00	7.00	4.5248	4.6163	4.4569	1.31273
	参与此节事活动需要完成很多步骤和阶段	1.00	7.00	4.5347	4.5465	4.5259	1.40762
体验效用	感官体验	1.00	7.00	4.9703	4.8372	5.0690	1.48930
	社会体验	1.00	7.00	5.1584	5.1395	5.1724	1.38386
	知识体验	1.00	7.00	5.2228	5.2093	5.2328	1.45406
满意度	总体上我对这个节事活动满意	1.00	7.00	5.1337	5.1744	5.1034	1.14907
	下次我还愿意参加这个节事活动	1.00	7.00	4.8812	4.9884	4.8017	1.24018
	我会向亲友推荐这个节事活动	1.00	7.00	4.7970	4.8372	4.7672	1.27095
	我会用积极的词语向他人描述这个节事活动	1.00	7.00	5.0000	5.0349	4.9741	1.27744

2. 方差分析

根据因子分析得到的因子得分,可以对各可测变量赋予权重,从而计算出各潜在变量的得分,进而进行方差分析。各潜在变量的可测变量因子得分情况如下:

表 4-21 期望因子得分矩阵

	元件
	1
对体验娱乐活动的期望	0.388
对社交的期望	0.378
对文化体验的期望	0.395

表 4-22 参与因子得分矩阵

	元件
	1
您为参与这个节事活动付出了努力	0.370
参与此节事活动花费您很多时间	0.373
参与此节事活动需要完成很多步骤和阶段	0.356

表 4-23 体验效用因子得分矩阵

	元件
	1
感官体验	0.380
社会体验	0.384
知识体验	0.383

表 4-24 满意度因子得分矩阵

	元件
	1
总体上我对这个节事活动满意	0.289
下次我还愿意参加这个节事活动	0.292
我会向亲友推荐这个节事活动	0.277
我会用积极的词语向他人描述这个节事活动	0.292

（1）年龄

对不同年龄段的人群进行单因素方差分析，如表 4-25 所示，结果发现不同年龄段的人群在期望、参与、体验效用和满意度方面 sig 值均小于 0.05，均存在显著差异。

表 4-25　方差分析结果

		平方和	df	平均值平方	F	显著性
期望	群组之间	40.530	6	6.755	4.512	0.000
	在群组内	291.916	195	1.497		
	总计	332.447	201			
参与	群组之间	32.093	6	5.349	2.948	0.009
	在群组内	353.797	195	1.814		
	总计	385.891	201			
体验效用	群组之间	56.507	6	9.418	5.089	0.000
	在群组内	360.884	195	1.851		
	总计	417.392	201			
满意度	群组之间	27.009	6	4.502	3.146	0.006
	在群组内	279.004	195	1.431		
	总计	306.013	201			

（2）职业

对不同职业的人群进行单因素方差分析，结果发现不同职业的人群在期望、体验效用方面存在显著差异，而在参与和满意度方面不存在显著差异。

表 4-26　方差分析结果

		平方和	df	平均值平方	F	显著性
期望	群组之间	31.055	6	5.176	3.349	0.004
	在群组内	301.392	195	1.546		
	总计	332.447	201			
参与	群组之间	15.420	6	2.570	1.353	0.236
	在群组内	370.471	195	1.900		
	总计	385.891	201			
体验效用	群组之间	27.183	6	4.530	2.264	0.039
	在群组内	390.209	195	2.001		
	总计	417.392	201			
满意度	群组之间	9.681	6	1.613	1.062	0.387
	在群组内	296.332	195	1.520		
	总计	306.013	201			

通过方差分析，结果显示人口统计特征对期望、参与、体验效用和满意度均有显著影响。性别方面，女性的期望、体验效用明显高于男性；男性的参与、满意度明显高于女性。不同年龄段在节事活动的期望、参与、体验效用和满意度上均存在显著差异。而不同职业的人群仅在期望和体验效用方面存在显著差异，在参与度和体验效用方面不存在显著差异。

（五）拟合指标的选择

根据吴明隆（2010）关于模型适配统计量的分类与评价，并结合本文的需求，本文选择χ^2/df、RMSEA、GFI、AGFI、CFI、NFI、IFI 和 TLI 作为模型拟合度评价的指标，其中前五个为绝对指标，后四个为相对指标。χ^2/df 为卡方自由度比，也称规范比，反映模型的协方差矩阵与观察数据之间的适配程度，当 $\chi^2/df < 1$ 时，表示模型过度适配；当 $\chi^2/df > 3$ 时，表示模型适配度差；当 $1 < \chi^2/df < 3$ 时，表示模型适配合理。RMSEA 为渐进残差均方和平方根，当 RMSEA > 0.1 时，表示模型适配程度差；当 $0.05 < RMSEA < 0.08$ 时，表示模型适配达到要求；当 RMSEA < 0.05 时，表示模型适配极佳。GFI（良适性适配指标）、AGFI（调整后良适性适配指标）、CFI（比较适配指数）、NFI（规范拟合指数）、IFI（增值适配指数）和 TLI（非规准适配指数），上述指标都介于 0 到 1 之间，模型适配良好的标准是它们的值都大于 0.9。表 4-27 对模型拟合指标的判定标准进行了汇总。

表 4-27 模型拟合指数判定标准

拟合指标	χ^2/df	RMSEA	GFI	AGFI	CFI	NFI	IFI	TLI
判定标准	$1 < \chi^2/df < 3$	< 0.08	> 0.9	> 0.9	> 0.9	> 0.9	> 0.9	> 0.9

（六）验证性因子分析

在验证模型之前，需要进行信度分析、验证性因子分析、效度分析和拟合指标的检验，对于上述模型所涉及的潜在变量所构建的因子分析模型如图 4-2 所示，指标选择及相应的结果如下。

1. 效度检验

效度是指问卷的有效性和正确性，最常用的检验方法为聚合效度和区分效度。聚合效度考察各题项对潜在变量的贡献，一般来说，当标准化载荷水平大于 0.4，在 P 值为 0.01 的水平下显著，平均提取方差（AVE）大于 0.5 时，聚合信度较好[3]。如表 4-28 所示，标准化载荷在 0.757~0.894 之间，大于 0.4 的标准，t 值为 10.630~17.168 之间，在 p 值为 0.01 的水平下均显著，平均提取方差（AVE）均大于 0.5 的标准，说明各变量具有充分的聚合效度。

区分效度主要考察不同构念之间的差异性，一般认为，当平均提取方差（AVE）大于 0.5，潜变量之间的相关系数的平方小于平均提取方差（AVE）时，区分效度即满足[73]。如表 4-29 所示，潜变量之间相关系数的平方小于平均提取方差（AVE），证明潜变量之间具有比较良好的区分效度。

表 4-28 效度检验结果

潜变量	观察变量	标准化载荷	t值	Cronbach α 系数	组合信度	平均提取方差
期望	a1：对体验娱乐活动的期望	0.888	—	0.822	0.897	0.744
	a2：对社交的期望	0.894	10.630			
	a3：对文化体验的期望	0.803	11.366			
参与	b1：您为参与这个节事活动付出了努力	0.812	—	0.894	0.841	0.637
	b2：参与此节事活动花费您很多时间	0.790	17.168			
	b3：参与此节事活动需要完成很多步骤和阶段	0.793	14.205			
体验效用	c1：感官体验	0.796	—	0.840	0.826	0.613
	c2：社会体验	0.757	12.203			
	c3：知识体验	0.796	12.241			
满意度	d1：总体上我对这个节事活动满意	0.866	—	0.891	0.892	0.673
	d2：下次我还愿意参加这个节事活动	0.757	12.851			
	d3：我会向亲友推荐这个节事活动	0.823	14.573			
	d4：我会用积极的词语向他人描述这个节事活动	0.832	14.974			

表 4-29 相关系数及平均提取方差的平方根

	期望	参与	体验效用	满意度
期望	0.744			
参与	0.730	0.637		
体验效用	0.730	0.303	0.613	
满意度	0.014	0.234	0.650	0.673

注：对角线上为各潜变量平均提取方差（AVE），对角线下为各潜变量之间的相关系数。

2. 模拟拟合优度检验

对验证性因子模型拟合系数进行评估，主要是为了评估模型的拟合度。从绝对拟合指标来看，CMIN/DF 值为 1.684，小于 3 的指标值，GFI 为 0.934，AGFI 值为 0.901，大于 0.9 的可接受值，RMSEA 为 0.058，小于 0.08 的可接受值。因此总体上显示模型可以接受；从相对拟合指标来看，CFI 值为 0.977，NFI 值为 0.946，IFI 值为 0.977，TLI 值为 0.970，均大于参考值 0.90 的水平。故整体上看，说明模型拟合得非常良好，适合进行下一步的分析。

表 4-30 模型 M1 拟合指数

模型	χ^2/df	RMSEA	GFI	AGFI	CFI	NFI	IFI	TLI
模型M1	1.684	0.058	0.934	0.901	0.977	0.946	0.977	0.970

六、假设检验与结果分析

（一）模型检验

在初始模型 M1 中，总共包含 4 个潜变量和 13 个可测变量，它们的对应关系如表 4-31 所示。

表 4-31　M1 潜变量和可测变量

潜变量	可测变量	潜变量	可测变量
期望	a1：对体验娱乐活动的期望	体验效用	c1：感官体验
	a2：对社交的期望		c2：社会体验
	a3：对文化体验的期望		c3：知识体验
参与	b1：您为参与这个节事活动付出了努力	满意度	d1：总体上我对这个节事活动满意
	b2：参与此节事活动花费您很多时间		d2：下次我还愿意参加这个节事活动
	b3：参与此节事活动需要完成很多步骤和阶段		d3：我会向亲友推荐这个节事活动
			d4：我会用积极的词语向他人描述这个节事活动

使用 AMOS 22.0 软件进行结构方程模型分析，最终得到模型 M1 参数估计结果以及标准化路径系数，如图 4-2 所示。

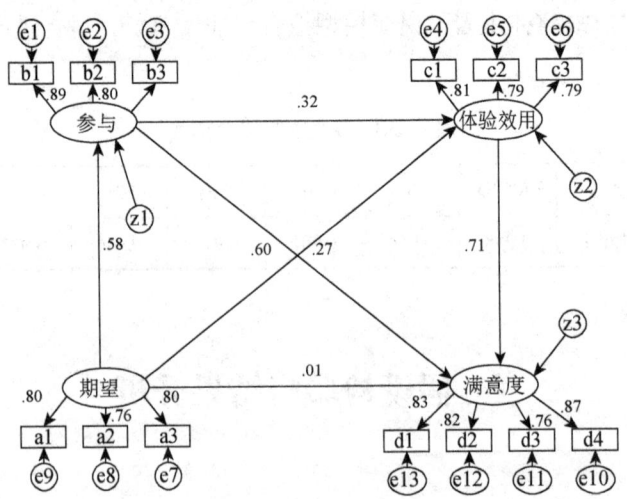

图 4-2　标准化路径系数

表 4-32　模型 M1 拟合指数

模型	χ^2/df	RMSEA	GFI	AGFI	CFI	NFI	IFI	TLI
模型M1	1.684	0.058	0.934	0.901	0.977	0.946	0.977	0.970

首先，需要对模型的整体拟合程度做出判断。由上表可知，模型 M1 的适配指标 χ^2/df 为 1.684，小于 3；RMSEA 为 0.058，小于 0.08；GFI 为 0.934，AGFI 为 0.901，CFI 为 0.977，NFI 为 0.946，IFI 为 0.977，TLI 为 0.970，均大于 0.9。因此，各拟合指标都符合判定标准，假设的理论模型拟合效果良好。

其次，对模型结果中估计出的参数进行统计学意义上的考察。本研究运用 t 检验对路径系数进行显著性检验，主要判别标准如下：在 0.05 水平上，当 t > 1.96 时，表示参数估计为显著；在 0.01 水平上，当 t > 2.58 时，表示参数估计为显著；在 0.001 水平上，当 t > 3.28 时，表示参数估计为显著。数据分析显示，期望对参与、参与对体验效用、体验效用对满意度、参与对满意度、期望对体验效用的影响都是在 0.001 水平上显著；期望对满意度的影响不显著。

表 4-33　模型 M1 假设检验结果

假设	变量之间关系	标准化路径系数	t值	假设检验结果
H1	期望→参与	0.58	7.078	支持***
H2	参与→体验效用	0.32	4.089	支持***
H3	体验效用→满意度	0.71	6.059	支持***
H4	参与→满意度	0.60	3.405	支持***
H5	期望→体验效用	0.27	6.502	支持***
H6	期望→满意度	0.01	0.132	不支持

注：*** 表示在 P<0.001 下显著。

（二）假设检验

从假设检验的结果来看，期望对参与、参与对体验效用、体验效用对满意度、参与对满意度均有显著影响，假设 H1、H2、H3、H4、H5 得到验证。期望对满意度没有显著影响，即假设 H6 不成立，后文将对其原因进行解释和分析。

（三）结果分析

1. 结论

根据上文的结果可以看出，在节事活动中，期望对满意度的直接影响是不显著的，这有别于传统的满意度理论中期望与满意度的关系。然而，期望会通过影响参与、体验效用间接对满意度造成影响，主要路径如下：期望—参与—满意度，即期望越高，参与度越高，则满意度越高；期望—体验效用—满意度，即期望越高，体验效用越高，则满意度越高；期望—参与—体验效用—满意度，即期望越高，参与度越高，体验效用越高，则满意度越高。说明体验经济确实对节事活动的期望和满意度之间的关系造成了影响。因此，本文最终得出的模型如下：

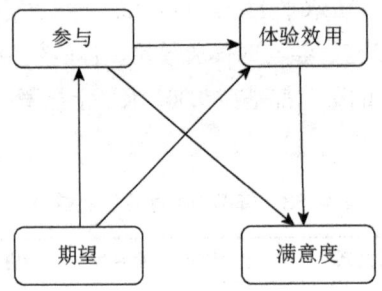

图 4-3　修改后的模型

2. 结果分析

奥利弗（Oliver）的期望差异模型，证明了期望和满意度是负相关的，满意度等于感知到的服务质量减去期望值[20]。而本文最终得出了如图 4-3 的模型，即在节事活动中，参与者期望与满意度之间是正相关的关系。

造成这一差异的根本原因是由于在节事活动中存在体验经济的作用。期望差异模型最初被用于零售服务业的消费者满意度研究，属于实体经济的范畴。而节事活动属于非实体经济，体验经济的影响作用更大。实体商品易于在消费者购买前进行展示和营销，对商品形成较为明确的期望，比如外观、性能、使用舒适性，等等，这些期望较为明确，因此对于满意度的影响较大。相比于实体商品，节事活动这类非实体商品更容易打动人心、使人产生共鸣、创造独特的心理体验。由于生产与消费是同时进行的，参与者在参与前对活动的了解不可能太过深刻，其预期是模糊的、主观性较强的，与实际的感受可能存在较大偏差，改变了期望对于满意度影响的大小、方向。

在体验经济中，满意度又受到参与和体验效用的显著影响。在体验经济时代，参与过程本身就是一种顾客收益[63]。节事活动参与者通过投入、参与到节事活动中，创造了节事产品价值，并且参与度越高，其通过节事产品获得的收益就越高，因此满意度也会越高。这个正向路径的影响作用使期望对满意度的直接负向影响可以忽略不计，最终呈现出了正向的影响作用。

因此，根据本文的研究结果可以看到，在节事活动中，受到体验经济的影响，期望和满意度之间的关系被改变了，期望不再直接影响满意度，也不再是负向的关系，而是通过参与和体验效用间接、正向地影响满意度。

七、结论与展望

（一）理论意义与启示

1. 传统的满意度理论在节事活动中不适用

本文证实了在节事活动中，传统满意度理论中期望与满意度的关系并不适用，期望对满意度无显著直接影响，而是通过参与、体验效用间接影响满意度。分析其中原因，可能是传统的满意度理论是针对实体产品展开的，对于节事活动这样的非实体产品，其消费过程就是参与和体验的过程，因此参与和体验效用对于满意度的影响较大，而期望本身对于满意度的负向影响被抵消，进而表现出"期望越大，满意度越高"的状态，其根本原因，是参与和体验效用的作用。

2. 体验经济对节事活动的影响

随着体验经济的到来，传统的"走马观花"式的节事活动已经不再能满足参与者的需求。本文证明了体验经济中参与、体验效用等因素确实是满意度的重要影响因素。传统的节事活动研究更关注文化性、环境、设施、娱乐活动等因素，在体验经济时代，随着人们需求的改变，即使主办方在这些因素上做到极致，对于参与者的满意度提升也是有限的。因为本质上人们参与节事活动，追求的是暂时的逃离、身心的放松、精神的体验。欲实现节事活动的长期、可持续发展，提高满意度，打造节事品牌和口碑效应，主办方必须致力于提高其参与度，增强参与者体验，才能发挥节事活动的本质作用，提高节事活动软实力。

（二）对策建议

1. 对节事活动营销的建议

基于在节事活动中期望对满意度的间接正向影响，主办方在节事活动的前期宣传推广中，应围绕既定的主题，针对不同的目标群体，适当地引导、加强其对于节事活动的期望，加强期望值管理。但是，仍然要注意所传达信息的准确性。在高期望的前提下，如果实际感知到的服务价值较低，达不到所宣传的效果，可能会适得其反。

在节事活动前期，通过适当的媒体广告、有形展示、宣传材料和信息咨询、服务表现、服务定价等，借助多样化的营销手段，如创意文案、情结营销、事件营销、饥饿营销、公开承诺、暗示承诺、口碑沟通等，充分调动参与者的期望和参与的积极性。在品牌推广方面，应重视打造节事活动"高体验价值""情感共鸣""个性化"等价值的体现。

2. 对节事活动组织的建议

既然节事活动中参与和体验对满意度有非常重要的影响，这就要求节事活动的组织和设计要在明确的主题指导下，注重互动因素，充分调动参与热情，通过精心设计的活动和氛围，为参与者带来高峰体验。

另外，要注重参与者的体验效用。根据本文的研究结果，组织者要考虑三个方面的体验效用。感官体验：要重视参与者的感官体验，如视觉、嗅觉、听觉等方面，要契合节事活动的主题定位以及所针对的人群特征对节事进行整合包装，营造一种节事"场"，让参与者能沉浸其中，享受一场五官的盛宴。同时，要对现场加强管理和控制，对环境、卫生、安全等影响参与者感官体验的因素进行实时监督和管理。社交体验：让参与者能享受与家人、朋友在一起的欢乐时光。在节事活动的设计方面，应该考虑到亲情、友情因素，增加感情，如组织一些以家庭为单位的比赛等。知识体验：节事活动的历史文化背景及意义、举办地的地方文化特色等元素在节事现场的传达情况，这些体验因素都将对参与者的满意度造成影响。

（三）研究局限与展望

1. 研究局限

首先，调查样本结构有待优化。样本的获取是在网上进行的，虽然样本数量达到了要求，但是受到网络使用情况的限制，学生群体、年轻群体样本比重较大，在一定程度上影响了样本的代表性。

其次，调研对象与层次有待扩展。虽然网络发放问卷可以辐射到全国各地，但是由于时间等条件的限制，本研究是在3月13—15日三天收集的数据，并没有基于具体的节事活动。应该选取有代表性的、不同参与度的几个节事活动进行期望和满意度的测量。

最后，本文的模型和结论有待丰富和拓展。本文只是从整体的层面上研究了节事活动期望、参与、体验效用和满意度的关系，并没有将其分为不同的维度，也没有研究其他影响期望、参与、体验效用和满意度的因素及其之间的关系。

2. 研究展望

目前对节事活动满意度的研究主要使用实证研究的方法，较多地借鉴旅游学的方法。但是，缺乏对经典学科、经典理论的引用和验证，缺乏一定的理论基础和深度。本文利用经典的顾客管理理论以及组织行为理论对节事活动满意度进行了研究。由于节事活动对人的依赖性较大，也是一种经济载体，在今后的研究中，还可以引用人力资源学、心理学、经济学领域的一些经典理论或模型。

另外，本文只是从整体的层面上研究了节事活动期望、参与、体验效用和满意度的关系，还可以从以下几个角度对该模型进行扩充：其一，可以增加四个变量的测量指标，并用因子分析分成不同的维度，进一步分析各潜变量以及各维度之间的路径关系；其二，可以在模型中加入期望、参与、体验效用、满意度的其他影响因素，为节事活动组织者提供更加明确的指导；其三，对不同类型的节事活动进行对比分析，如体育赛事、地方特色节庆、娱乐性节庆活动，看本文所得出的结论在特定不同节事活动中是否依旧适用。

参考文献

[1] 宋沁青.生态旅游节庆活动游客满意度调查研究——基于南京市江心洲葡萄节的个案分[J].科技创新导报,2009(34):226.

[2] 李翠玲.社区居民对重大节事活动影响的感知研究——以杭州西博会为例[D].浙江工业大学硕士学位论文,2012.

[3] 张岚,赵金凌,李晏墅,侯国林.节事活动游客的重游意愿影响因素研究——以上海世博会为例[J].南京师大学报(自然科学版),2012,35(03):118-124.

[4] 彭玺.游客旅游体验、满意度与行为意向关系的实证研究[D].河南工业大学硕士学位论文,2010.

[5] 詹新惠,马耀峰,刘军胜.基于职业差异的国际大型节事活动游客感知行为分析——以西安世园会为例[J].西安财经学院学报,2014,27(01):56-61.

[6] 刘宁宁.体验经济视野中的节事类旅游产品设计研究[D].华东师范大学,2004.

[7] 王欣.基于体验经济视角下的重庆会展品牌定位研究[D].重庆大学,2008.

[8] 高爱颖.体验经济的文化旅游产品开发体验[J].求索,2013(08):259-261.

[9] 郭胜.体验经济环境下营销创新模式研究[D].北京交通大学,2008.

[10] 邹统钎.体验经济时代的旅游景区管理模式[J].商业经济与管理,2003(11):41-44.

[11] 曹新向.体验经济时代的旅游业发展对策[J].西北农林科技大学学报(社会科学版),2004(05):126-129.

[12] 赵海涛.体验经济时代体育营销策略分析[D].华东师范大学,2007.

[13] 肖刚.体验经济视角下的非物质文化遗产旅游开发模式研究[D].西北师范大学,2010.

[14] 贾秉瑜.体验经济视角下旅游产品体验性研究——以昌平主要的温泉度假村为例[D].北京第二外国语学院,2007.

[15] 王立岩,许楠.体验经济视野中的旅游产品开发研究[J].技术经济与管理研究,2005(05):100-101.

[16] Aikaterini Manthiou. The experience economy approach to festival marketing: vivid memory and attendee loyalty[J]. Journal of Services Marketing, 2014, 28(1): 22-35.

[17] Mehmetoglu M. and M. Engen. Pine and Gilmore's Concept of Experience

Economy and Its Dimensions: An Empirical Examination in Tourism [J]. Journal of Quality Assurance in Hospitality & Tourism, 2011, 12 (4): 237-255.

[18] Loureiro, S. M. C.. The role of the rural tourism experience economy in place attachment and behavioural intentions [J]. International Journal of Hospitality Management, 2014 (40): 1-9.

[19] Andrzej Stasiak. NEW SPACES AND FORMS OF TOURISM IN EXPERIENCE ECONOMY [J]. Tourism, 2014, 23 (2).

[20] 杨刚.基于期望差异模型的游客满意度研究 [D].重庆师范大学, 2012.

[21] 寿志钢, 王峰, 贾建民.顾客累积满意度的测量——基于动态顾客期望的解析模型 [J].南开管理评论, 2011, 14 (03): 142-150.

[22] 王卫东, 汪纯孝, 岑成德.期望、需要、服务实绩与顾客满意程度关系的实证研究 [J].南开管理评论, 1999 (01): 13-17.

[23] 查金祥, 王立生.网络购物顾客满意度影响因素的实证研究 [J].管理科学, 2006 (01): 50-58.

[24] 谢彦君, 吴凯.期望与感受：旅游体验质量的交互模型 [J].旅游科学, 2000 (02): 1-4.

[25] 徐娴英, 马钦海.期望与感知服务质量、顾客满意的关系研究 [J].预测, 2011, 30 (04): 14-19.

[26] 张小明."比马龙效应"与适度激励 [J].人力资源, 2004 (Z1): 40.

[27] 汪纯孝, 岑成德, 王卫东, 朱沆.顾客满意程度模型研究 [J].中山大学学报 (社会科学版), 1999 (05): 92-98.

[28] 张跃先, 马钦海, 刘汝萍.期望不一致、顾客情绪和顾客满意的关系研究述评 [J].管理评论, 2010, 22 (04): 56-63+46.

[29] 冉鹏.组织行为中的心理契约对员工激励的影响 [D].吉林大学, 2004.

[30] 林罡.人力资源管理中"员工期望"理论的研究 [J].石油化工管理干部学院学报, 2001 (02): 49-51+58.

[31] 谢萍.激励：从观念到应用——浅析弗鲁姆期望理论与企业员工激励 [J].法制与社会, 2007 (12): 656.

[32] 夏芳, 王雅林, 郑坚.论中国企业科技创新人才的激励机制——对弗鲁姆的期望理论的一种实践解读 [J].哈尔滨商业大学学报 (社会科学版), 2006 (03): 16-20.

[33] 刘静, 王志江.企业人力资源管理中期望效应实证研究 [J].商业经济, 2004 (02): 72-73.

[34] 姚琦,乐国安,伍承聪,张宠.企业新员工期望的结构和特点[J].心理科学,2009,32(01):197-200.

[35] 何颖.皮格马利翁效应与员工激励[J].内蒙古科技与经济,2008(06):185-186.

[36] 刘健,唐继平.基于皮格马利翁效应的企业员工隐性激励机制研究[J].企业经济,2010(04):64-66.

[37] 许树沛.论皮格马利翁效应在人力资源管理中的应用[J].理论月刊,2003(07):41-43.

[38] 四郎旺秋.大众参与下的节庆旅游产品开发探讨[J].现代商贸工业,2011,23(22):131.

[39] 吴玉宝.民俗节事旅游活动的参与性研究[J].经济研究导刊,2010(05):67-68.

[40] Lu, L., C.G. Chi, Y. Liu. Authenticity, involvement, and image: Evaluating tourist experiences at historic districts [J]. Tourism Management, 2015 (50): 85-96.

[41] Rajashi Ghosh, Brad Shuck, Joseph Petrosko. Users who downloaded this article also downloaded [J]. Journal of Management Development, 2012 (31): 603-619.

[42] 姚海琴.大众参与旅游节庆的影响因素研究[J].资源开发与市场,2007(05):476-477.

[43] 朱诗荟,姜洪涛.节事活动参与者的动机研究——以中国南京国际梅花节为例[J].北京第二外国语学院学报,2012,34(11):66-72+29.

[44] 左平.民俗节庆的游客参与约束研究[D].华南理工大学,2013.

[45] 汪霞,黄佩.基于旅游体验学基本范畴的旅游节庆发展研究[J].中国人口·资源与环境,2011,21(S1):206-208.

[46] 邹凤莲.节庆旅游体验营销策略研究[J].商场现代化,2014(26):73.

[47] 马凌,保继刚.感知价值视角下的传统节庆旅游体验——以西双版纳傣族泼水节为例[J].地理研究,2012,31(02):269-278.

[48] 李堃.小议旅游节庆活动中的体验式展览会[N].中国旅游报,2008-07-30(011).

[49] 马凌.节庆旅游中的阈限体验:日常世界与旅游世界——以西双版纳傣族泼水节为例[J].学术研究,2010(11):94-99+126.

[50] 汪子文,邓建伟,高嵩.感知价值视角下体育节庆旅游体验研究——以潍坊国际风筝会为例[J].山东体育学院学报,2014,30(03):22-27.

[51] 陈丽荣, 苏勤. 我国游客满意度研究述评 [J]. 资源开发与市场, 2007, 23 (03): 266-268.

[52] 汪侠, 梅虎. 旅游地游客满意度: 模型及实证研究 [J]. 北京第二外国语学院学报 (旅游版), 2006 (07): 1-6.

[53] 陈琳. 少数民族节庆旅游中游客感知价值对游客满意的影响研究 [D]. 湖北大学, 2013.

[54] 侯睿智. 地区性节庆旅游参与者动机、满意度及推荐意向间的关系 [D]. 延边大学, 2012.

[55] C-K Lee. Segmentation of festival motivation by nationality and satisfaction [J]. Tourism Management, 2004, 25 (1).

[56] 李伟, 许忠伟, 魏翔. 北京春节庙会游客动机研究 [J]. 北京社会科学, 2011 (01): 32-35.

[57] Lee Yong-Ki, Lee Choong-Ki, Lee Seung-Kon, Babin Barry J. Festival scapes and patrons' emotions, satisfaction, and loyalty [J]. Economic Lecture, 2008, 61 (1): 56-64.

[58] Wan, Y.K.P. and S.H.J. Chan, Factors that Affect the Levels of Tourists' Satisfaction and Loyalty towards Food Festivals: A Case Study of Macau [J]. International Journal of Tourism Research, 2013, 15 (3): 226-240.

[59] 聂鹏洁, 陈英毅. 节事营销下的服务质量与顾客满意的关系探究——以肥城桃花节为例 [J]. 山东纺织经济, 2013 (01): 37-39.

[60] Calabuig Moreno, F., Prado-Gasco, V., Crespo Hervas, J., Nunez-Pomar, J., Ano Sanz, V.. Spectator emotions: Effects on quality, satisfaction, value, and future intentions [J]. Journal of Business Research, 2015, 68 (7).

[61] Yoo-Shik, Jin-Soo lee. Measuring festival quality and value affecting visitors' satisfaction and loyalty using a structural approach [J]. International Journal of Hospital Management, 2010, 29 (2): 335-342.

[62] 白晓玉. 服务过程中顾客期望与顾客参与的研究 [J]. 旅游纵览 (下半月), 2013 (12): 128-129.

[63] 侯学东. 顾客参与的互动特征对服务绩效的影响 [D]. 武汉大学, 2011.

[64] 朱俊, 廖英. 顾客参与下的顾客价值: 体验经济的观点 [J]. 价值工程, 2007 (04): 57-60.

[65] 翟家保, 徐扬. 服务业中顾客参与研究综述 [J]. 科技进步与对策, 2009, 26 (10): 156-160.

[66] 庞徐薇,朱洪军.赛场观众参与对观众体验影响的理论研究[J].南京体育学院学报(社会科学版),2012,26(02):82-87.

[67] 聂鹏洁.节事消费下的顾客体验与顾客满意的关系探究[D].青岛理工大学,2013.

[68] 王纯阳,屈海林.旅游动机、目的地形象与旅游者期望[J].旅游学刊,2013,28(06):26-37.

[69] 贺京同,那艺,郝身永.决策效用、体验效用与幸福[J].经济研究,2014,49(07):176-188.

[70] 张恩碧.消费体验效用的主要影响因素和不确定性分析[J].消费经济,2009,25(06):55-57+28.

[71] 杜建刚,范秀成.基于体验的顾客满意度模型研究——针对团队旅游的实证研究[J].管理学报,2007(04):514-520.

[72] B. Joseph Pine II, James H. Gilmore. Welcome to the Experience Economy[J]. Harvard Business Review, 1998(76):96-108.

[73] Bagozzi, R.P., Evaluating Structural Equation Models With Unobservable Variables and Measurement Error: A Comment[J]. Journal of Marketing Research(JMR), 1981, 18(3):375-381.

第五章 节事活动营造的「场」

节事旅游已经成为我国发展最快的休闲旅游产品之一，节事活动和节事旅游更注重体验与参与的旅游形式则备受欢迎，因此，如何提升节事类旅游产品的综合能力和综合效益被推到了台前。节庆是一种参与性较强的社会文化活动，为此我们引入场域的概念。在节事活动中，游客的参与至关重要，游客在惯习的引导下体验节事活动的产品。而节事的氛围正是游客所打造的，游客在某种程度上是节事活动的产品，如何证明游客在节事活动中，消费的正是由游客本身所代表的产品，正是本文的研究内容。本文采取了文献分析法、访谈法以及多学科的综合研究方法，在探讨旅游可持续发展的同时，展开应用领域的研究，加强实用价值。

一、绪论

如果将体验经济运用到节事活动中，那么最具有话语权的当是节事活动的体验者——游客。本文从游客的角度研究游客既是节事活动的参与者，又是节事活动的产品。引入场域理论更有助于证明这个观点。

（一）研究背景和目的

1. 研究背景

近年来，无论是国内还是国外，节事活动都发展迅速，节事活动和节事旅游已经成为我国发展最快的休闲旅游产品之一。随着我国人民生活水平的提高，我国的旅游业迅速发展，传统的观光型旅游日益受到消费者的冷落，而更注重体验与参与的旅游形式则备受消费者欢迎。

体验经济时代的发展依托了消费者不断提升的消费需求，而消费者的体验更是需求的核心，因此，在开发旅游产品时，将旅游者的体验融入其中才能促进体验经济的发展。

人类从物质匮乏到物质相对过剩得益于现代工业文明的发展，现代工业文明带来了物质的极大丰富。在我们的周围，物质的极大丰富、不断提升的服务令我们的消费更加的发达，因此消费主义是十分盛行的。研究消费主义成为了一个顺应潮流的课题。

消费主义的盛行使得旅游业成为新世纪的朝阳产业。旅游产品经营者向消费者出售的是旅游吸引物，这种旅游吸引物必须是独特的，具有脱离现实、日常生活之外的独特体验。这种吸引物可以包括自然资源和文化资源，具有共有性，不具有排他性，游客无须对旅游吸引物进行实质性的占有，而是动用全身的感知器官来感受，通过对旅游产品的感受就可完成对它们的消费。节事活动可以在短时间内吸引大量顾客。与传统和常规的旅游活动相比，这种旅游活动规模大、消费水平高，对举办活动的城市的文化场所和旅游设施的利用率大幅提高，产业联动十分明显。

2. 研究目的

旅游行业似乎正逐渐形成一种共识，那就是旅游业属于"体验型"产业。因此，在我国从旅游产业大国向旅游产业强国迈进的过程中，运用体验经济理论作为指导必然是未来产业发展的客观要求。节事类旅游产品是旅游产品的有机组成部分，把体验经济与其结合在一起进行研究同样具有前瞻意义。

本文将节事活动的理论与实践相结合，系统地研究了游客在节事活动中的参与价值，游客参与节事活动，节事活动才能长远发展。游客参与的满意度是节事旅游发展的保障。旅游的发展在很大程度上是要靠着游客作为支撑，传承文化传统，走可持续发展的道路。这不仅要靠政府主导，更要靠企业在策划时注重游客参与度。

随着越来越多的国际型节事活动在国内举办，如何提升节事类旅游产品的综合竞争力和综合效益被推到了台前。要解决这些问题，最为行之有效的办法就是从旅游者的切实需求出发，为他们提供一个休闲、安全、放松身心的舒适环境，保证他们获得完美的体验。

这种体验是日常生活之外的愉悦休闲。了解体验的构成，考虑哪一种体验给游客留下了最深刻的印象和难忘的回忆，是节事策划中应当关注的。

（二）研究现状和文献综述

1. 国外研究

美国著名社会心理学家勒温认为"人的行为是其个体与周围环境相互作

用的结果",从这个理论出发,人类行为也可以从个体因素和环境因素两方面来考察。因此,游客的行为可以概括为是个人因素与环境因素相互作用的产物。皮埃尔·布迪厄(Pierre Bourdieu)是当代法国著名的社会学家,他认为,场域是一个相对自主的社会空间,是一个客观关系构成的系统,是一个充满争斗的空间。资本是场域理论中的重要概念。布迪厄的理论于20世纪80年代被介绍到中国,并广泛用于旅游研究。

而对于多数旅游体验来说,视觉上的体验是最直接的,游客根据"看"做出直接的反应。西方世界对"看""视"的重视已经引起了很多学者的关注。法国哲学家米歇尔·福柯(Mechel Foucault)认为,把看不见的事物转化为清楚已掌握的客体是一种将"凝视""建制化"的过程。

英国社会学家厄里将福柯"医学凝视"的概念引入到旅游学中,并将之发展成为旅游文化研究的一个重要概念,通过游客凝视来考察整个社会,解释生活中的复杂的多利益系统,窥测和反映社会的全貌。

厄里的游客凝视,关注的是游客愉悦的体验,那些与自己的世俗生活截然不同的事物,因此具有"反向的生活性"。"凝视"的动作是把需求、动机和行为相结合的结果。

法国社会学家布迪厄认为场域是一个相对独立的社会空间,不是简单的地理空间。游客所处的社会经济状态决定了游客凝视是差异化的,是基于社会经济状况,是种族群性等构建的产物,是游客一直在追求的特殊的体验。这种提供的选择往往来源于非旅游因素,比如媒体所传达的、官方所倡导的,游客在接收到这些信息后,便迸发了前往目的地收集这些旅游符号的需求。

2. 国内研究

谢彦君指出,旅游体验是旅游者活动的主体内容。游客凝视,国内有的学者称之为"旅游凝视",中国香港、台湾的译者多翻译为"观光者的凝视"。

周宪曾经指出,"凝视"对游客产生的影响具有辩证关系。游客需要通过凝视找到"前凝视"的期待和幻想,从而获得视觉的体验,最终留存在"旅游记忆"中。现代旅游体验中,游客与他人的互动也表现出"凝视"与"被凝视"的关系。陈才对旅游体验的研究指出"凝视不仅仅是一种视野,还是个人意向的表达,具有强烈的'主观色彩'";通过分析游客的凝视,提出旅游的"镜像体验"。

崔红红指出,游客凝视是一种通过自身环境产生的惯习,是对旅游中符号所传达的图文信息的解读和传递。这种旅游符号会对游客的动机产生影响。徐琦从游客的角度出发，将"游客凝视"作为研究工具，对消费社会下的游客凝视行为进行分析，并从社会学角度指出游客通过凝视所消费的符号使处于不同层级消费的游客达到了自我认同。

3. 研究内容和目标

首先，本文将先阐释重要概念，并对相关理论进行梳理，明确文章的研究内容。

其次，游客参与构成了节事类旅游产品是由游客体验得出的结论，并进行频次分析。

再次，在场域理论指导下对游客的体验和参与进行重新解读，对论题进行了深刻的验证。

最后，说明游客是节事活动的参与者，也是节事活动的产品，并提出若干尚需解决的问题留待研究。

在节事活动中，游客的参与至关重要，而节事的氛围正是游客所打造的，游客在某种程度上是节事活动的产品，如何证明游客在节事活动中，消费的正是由游客本身所代表的产品，正是本文的研究内容。

因此，本文对以下问题展开研究：

①何谓节事活动的产品？节事活动的产品是否只能由企业、政府制造，并由游客来购买？

②探索游客间的凝视是否具有可持续发展和全球化方面的作用？

③如何看待体验经济在节事活动中的应用？这种看不见、摸不着的体验在节事活动中是否可以可视化？

二、基于场域理论对节事活动的思考

（一）相关概念

1. 节事旅游

事件（Event）是短期内发生的一系列活动项目的总和。

节事（Festival & Special Events）是由西方学者提出的概念，也就是节庆（Festival）和特殊事件（Special Event）的统称，英文简称 FSE，中文简称"节事"。而节事旅游则是指把节事当成特定的旅游吸引物的旅游活动所构成的一种新的旅游形式。

盖茨（Getz, 1991）给出了节庆和特殊事件的定义，认为节庆是一种公众的、有主题的庆祝仪式；节庆活动是一种文化类事件，游客通过参与到节庆活动中，从而了解和体验古老的文化传统，了解当地的文化传统。而美国乔治华盛顿大学节事活动管理专业的金博士则认为，节庆是一种欢庆的时刻，是为了满足消费者对欢庆的需求。

节庆是一种参与性较强的社会文化活动，没有了公众的参与节庆活动将无从谈起。从游客和消费者的角度出发，特殊事件是指在一般范围之外或超出日常生活内容的休闲、社会或文化体验。从组织者的角度出发，节庆是在发起者或组织者计划之外的一次性或低频率发生的事件。节庆旅游包括节日、庆典、交易会、博览会，以及其他非日常发生的特殊事件。

早在 20 世纪初，西方过节就已经开始了对节事旅游的研究，并且提出了节事研究的几个方面。其中有对节事主体的研究，包括组织机构和个人等；以及对供求关系的研究，这部分的研究基于客体方面，分析消费者的供求关系和节事活动的运作环节；最后是节事活动的影响，研究对目的地的所在环境的影响和总结未来的发展趋势。

我国的节事旅游研究起步晚了近 30 年。最早有节事旅游的提法是顾树保等在《旅游市场学》中提出的"特殊事件"，后来，保继刚等又提出了"事件旅游"等概念，于是越来越多的专家和学者对节事旅游展开了各个方面的研究和探讨。

国内对节庆活动的研究主要集中在几个方面：一是从旅游发展的角度是否有助于城市的发展对节事进行研究；二是对节事的功能、影响及其评估进行了研究；三是节事的开发与管理研究；四是节事的运行机制、机理和模式分析。

2. 体验经济

体验经济是以服务经济为依托、以计算机信息技术为辅助，在发达经济体社会已经开始全面上演的经济活动。

体验经济理论认为步入体验经济时代是人类社会发展的必然趋势。体验经济被称为第四个人类经济发展阶段，被认为是服务经济的进阶。此前，人类分别步入了农业经济、工业经济时代，这两者依托的是农业和工业。而随着计算机和互联网的普及和发展，服务经济也步入了历史的舞台。随后体验经济也悄然诞生。每个经济形态在各自的时代都代表着最先进的生产方式和最具拉动效果的社会综合效益。它们的经济产出分别是初级产品、产品、服务和体验。

最初对体验的研究，更多的是在学术范畴内，在美学研究中，指那种无形的、超然的美，比如，庄志民在《审美心理的奥秘》中提到的不可言传、只可意会的美。谢彦君则认为，个体通过与外部世界取得联系从而改变其心理水平并调整其心理结构的过程，就是体验。

因此，体验是一种比较高级的心理活动。人的听觉、视觉、嗅觉、味觉和触觉五大感官对外界刺激的反应组成了感官体验，是一般体验。感官体验可以说是人的一般经历，高峰体验则是一种近乎神秘的体验，满足人追求更高等级的心理寻求。马斯洛提出了高峰体验。我国学者林方认为，高峰体验是个体与自然、社会合三为一，是至善至美的境界。

因此，国内学者对体验经济的研究可以概括如下：无形性、唯一性、互动性、创造主体多元化。无形性是源于人的感受，是无法借助于任何载体而存在的，但无形的体验可以借助有形的载体以另外某些实在的形式而实现。唯一性在本质上是说体验作为一种东西具有排他性，不可能有两次完全相同的体验。互动性是人与事物、活动、外界环境的相互作用，伴随着个人的心理反应和应对措施。最终，体验的结束是个体的脑力加工，个体创造出体验。同理，个体也可以用外界的环境、道具来创造出体验。

体验经济概念第一次出现是在《哈佛商业评论》中所载的詹姆斯·吉尔摩的文章里。目前，国内外无论是学术研讨还是新闻媒体，体验经济的思想被大量应用。在这里，我们定义体验经济为一种产品，这种产品围绕着消费者展开，足以使得消费者得到难忘的体验和美好的回忆。这种产品可以销售，具有一定的经济价值。

（二）相关理论

1. 场域理论

场域（Field）的概念是由布迪厄（Pierre Bourdieu）提出的。场域概念的诞生源于其对艺术社会学的研究和对韦伯宗教社会学的解读。布迪厄认为，在高度分化的社会，会分解成无数个小世界个体，每个社会个体有独立的自身逻辑和客观空间，是行动者，而这些有独立的逻辑和必然性的个体并不能支配其他场域运作。因此，场域是客观关系构成的系统，是每个行动者都存在的关系网络。由于每个个体的资本不同，总量和结构也不同，所以场域并不是静止的，而是充满斗争和争夺的动态空间。

在场域理论中，有一个重要概念要明确就是什么是资本，也就是场域中行动者争夺的对象。布迪厄最初将资本分为经济资本、文化资本和社会资本，资本间可以相互转化。行动者在惯习的引导下展开对资本的争夺，反过来，改变或影响着场域。

然而，很多人提到场域理论时，先想到的却是心理学家勒温。勒温对集体和社会有深刻的研究，并通过实践得出适用于社会的心理学。将物理学中的"场"的理解与社会学的"场域"联系起来看，场是事物互相依存的事实整体，如同一块磁铁周围一定伴随着磁场，磁场是看不见摸不着的，是无形的，但是在空间范围内，磁场却有着微妙的联系。

将无形的"场"论转化为关系主义的方法论，是布迪厄对勒温理论的延伸。同样，布迪厄将关注点从对有形的事物的思考转变成对社会关系的思考。怎样对一个场域进行分析呢？布迪厄认为，首先，是分析其中的权利场域，从关系主义立场出发，对其他场域的影响；其次，行动者之间的冲突和竞争也使得场域中存在了客观事实上的关系结构；最后，行动者惯习千差万别，这种不确定性使得场域有了动态性。惯习和场域之间的联系，可以是制约关系，惯习可以被场域改变；另外，惯习和场域也可以是知识关系，通过惯习将场域建成一个被赋予价值和意义的世界。

2. 凝视理论

英国社会学家约翰·厄里在其专著《旅游凝视：当代社会的休闲与旅游业》一书中提出了旅游凝视理论，这是旅游凝视理论的第一次提出，然而在著作中厄里的凝视理论却并没有基于旅游视角明确给出"凝视"的概念，厄里继续沿用了法国著名思想家、哲学家福柯（Foucault）的《临床医学的诞生》中的这样的观点：医学、医生和凝视无处不在。而这样的观点和结论与"旅游凝视"有一定的不同。

厄里在著作《旅游凝视》里强调，旅游是在一个愉悦的基调上发生的，人们选择通过旅游的方式来获得愉悦、刺激等感官体验，而这种凝视是完全不同于日常生活的独特体验。另外，厄里也提出了旅游凝视的社会性。比如在电影中观看的旅游场景，抑或是旅游时购买的景区产品，都构成了旅游凝视。在这一点上，厄里的"旅游凝视"和福柯的"医学凝视"是不同的。随着旅游进入了后现代社会，旅游本身的特性在发生着变化，更多的传统旅游者向现代旅游者转变。

反向的生活是指人们希望凝视的对象是与日常生活不同的独特景观，这种愉悦的体验可以是刺激的，也可以是充满回忆的。因此，旅游凝视的基础是愉悦，旅游凝视的动机是寻求"差异性"。在旅游体验中，支配性决定体验的范围，视觉具有优先性。视觉决定了体验的范围，凝视成为了旅游的核心。凝视的内容又拥有符号性，符号性表现在收集旅游吸引物的符号，在特定的符号所代表的意义下进行消费。

社会学家认为，现代社会是一个工业高度发达的社会，在进入到20世纪以后，现代社会就开始了从生产型社会向消费型社会转变的过程。这种转变也是现代化向后现代化转变的结果之一。

物质极大丰富的社会是步入消费社会的前提，物质、服务以及财富增长的速度提升，因此，消费是一种消费符号的过程。消费是系统性的操纵符号的行为。购买的商品和服务必须通过消费行为来体现社会价值，因此消费者的身份可以通过拥有的商品和服务来彰显，被加强强调过的消费身份也体现了社会价值。商品是一种符号，商品在消费环节中变成了具有社会属性的符号，因此，消费社会的特征有享乐主义，消费社会制造各种欲望，在消费社会中，消费是一种生活方式，而不是一种产品。

本文认为，在物质极大丰富的现代社会里，游客消费的就是旅游符号，而这些旅游符号可以是作为东道主的旅游企业、政府创造出来的，也可以是作为消费者的游客创造的，在这里，跳出东道主凝视的场景，提出游客和其他游客的互相凝视，即"游客间凝视"，作为"一方对另一方"的主、客场景，多维度、多角度地研究旅游现象。

游客对特定空间的充盈，使得游客凝视的对象多了更多的选择。旅游心理学家皮尔斯（Pearce P. L）认为，游客之间的不断互动，存在诸如朋友、竞争者、打扰者等多重性质的关系。而日本学者雅吉（Yagi）则通过对旅游博客的分析，证实了游客间的相互影响和凝视的行为。这些游客不仅作为简单的观察者出现在任何旅游场景中，还和环境中的其他游客一起成为了旅游场景中的重要组成部分。

3. 狂欢理论

"狂欢节是自发自愿、人人参与、人人是导演、人人是演员和观众的喜剧和盛宴。"

在欧洲和南美洲，狂欢节十分盛行。狂欢节论的核心是民间文化、大众文化与精英文化的关系。狂欢节既有民间文化的特征，表现出对自然生命力的弘扬，又具有大众文化的特征，追求感官愉悦的满足。因此，民间文化和大众文化成为先锋和主导。民间文化的成分不是糟粕，而是精华和珍宝。大众文化与精英文化在经济规律的驱使下，运用后现代主义文化，距离日渐消失，界限也更加模糊，呈现出"文化拼接"的状态。这也使得后现代的狂欢在资本主义"商品规律"的影响下，呈现出错综复杂的现象。

苏联文艺理论家巴赫金与法国带有浪漫主义色彩的文化巨人拉伯雷不同，巴赫金不是凝视中的"浪漫主义者"，而是"旁观者"，是清心寡欲的学者。两者的经历和性格反差很大，却对狂欢理论有着相同的体验。

戏剧带有"怪诞现实主义"的色彩，怪诞现实主义内容十分丰富，包含了肉体形象、笑话、公众广场的俗语和下流话等，直接再现了大众文化对感官愉悦的追求。虽然狂欢节在整体上看一定带有社会政治色彩，但我们认为这种大众文化寄托乌托邦理想，并体现着大众文化的情趣和审美才是狂欢节的主导。

在我国，传统的庙会算得上是西方的狂欢节。各种形式的祭祀和娱神活动，以及全民范围内的狂欢精神也体现出了狂欢的原始性、全民性、反规范性等特征。然而中国的庙会的功能最初并没有像现代那么全面，最初的庙会只用于娱神的功能，在漫长的远古社会，庙会和崇神是一体的，在发展的过程中，逐渐增加了娱乐和经济的功能，但狂欢的氛围却未尝稍减。

比如庙会里的演出，有各类民间艺人进行表演营生。因此，庙会是与文化娱乐有关的节日活动，深深地吸引了游客。

而在精神层面上，各群体祭祀活动中热烈的气氛、狂放的情绪造成集体情绪的高涨，十分有利于强化群体的凝聚和认同。脱离了刻板、教条的束缚，体现了人类追求至善至美的精神力量。

从场域理论与节事旅游相关性看，场域是一种空间，场域的发挥对场域中存在的对象有所影响。从这一点上来看，节事活动的参与和场域理论是有一定的共性的。游客融入到节事活动中，受到节事活动的氛围的影响，从而产生愉快的体验。

对节事旅游产品进行定义时可以看到节事类旅游产品是以创造或引导独特的体验为核心。

在体验经济中，消费者既是参与者，又参与了节事活动的创造，这是一种双重身份。体验的过程结束后，记忆将长久保存。可见，在体验经济中，消费者同样也被认为是生产者。

节事类旅游者亦具有产品的生产者与消费者的双重身份。旅游者是节事活动成形的基础，没有了游客，节事活动就无法成形，这是由节事活动的特殊性所决定的。因此，节事活动必须有游客的参与，游客参与是节事旅游产品的组成部分，节事活动对游客有着高度的依赖。除了游客参与，游客的体验也至关重要，良好的体验是产品和旅游者共同创造出来的。旅游者在节事活动中，参与了产品的生产，并使自身成为了某种产品。所以，在节事活动中，游客有了另一种身份——产品。

在节事活动中，模仿是旅游者最擅长采取的从众方式。模仿是指在没有外界干扰的情况下，游客自发地受到其他游客的影响而仿效的行为。在特定的时间、空间下，当行为规范缺失时，游客会自发地模仿其他游客。这种行为表现在个体与社会互动时的从众行为。

共同体从精神层面上，是指内部成员的共同归属感和认同感、与他人产生的凝聚效应。公共精神源于社会公共领域的道德和理想。以公共精神为主导的游客行为有着丰富的内涵，它体现在游客自觉关怀、维护活动中的安全、卫生、环境、资源、财务等公共利益的态度和情怀；同时，还体现在游客在活动中的理解、尊敬、包容他人，并与他人和平相处。虽然人们惯习不同，行为举止各有差异，但人们会通过象征性体现集体归属感，这也是狂欢所具有的指向意义，在价值感和认同感的体系构建下，凝聚体会以此形成纽带，从而凝聚成共同体的"公共精神"。

游客的行为除了受到社会文化环境的影响外，自身的情感也是很重要的因素。旅游者为了追求一种"忘我"的状态，从而摆脱日常生活的束缚，于是脱离了日常生活的"本我"，解脱烦恼，释放压力。"本我"代表了日常生活中的各种约束、工作压力、生活琐事，等等。旅游就是为了解脱压力和烦恼非常有效的方式，在游玩途中，暂时放下束缚，暂时得到解脱。

节庆活动是个人情感的外露，是情感的宣泄，节庆让民众暂时进入到全民共享、平等和富足的与现代制度相隔离的生活形式，成为了无等级的、宣泄的、享乐的、大众的狂欢。节庆的狂欢是一种普遍的社会现象，从古到今，从东方到西方，人类都需要，是脱离于日常的情绪宣泄以及宣泄后的心灵的满足。因此，任何一种社会，都能找到"狂欢现象"。无论是由于日常生活过于单调而产生的倦怠、工作中遇到了不小的压力，抑或是容易情绪紧张，都可以在节庆活动中不拘泥于形式地自由地释放。在狂欢的气氛里，游客不可能被游客的社会属性、财产、年龄、家庭等所造成的差别区分开来，实现了在日常中不能实现的对话和交往。

三、从"场论"审视游客的缔造者身份

（一）对游客的话语分析

在这一部分，笔者通过对网站上游客关于2016年春节期间地坛庙会的评价的内容进行分析，挖掘旅游者话语中的要素及其逻辑关系。首先，将网站上游客对地坛庙会的评价内容复制到OFFICE WORD 2016中，经过重新整理，保存为.txt格式，利用ROST NewsAnalysis Tools进行分析。

ROST NewsAnalysis Tools是清华大学新闻研究中心研发的新闻分析工具，可以对各类数据进行采集，比如特定的主题网页、主题网站、博客、论坛等。针对这些内容，进行协助挖掘和聚类、相关性分析、相似性分析、语义分析、词频分析等。

根据受访者的访谈记录，以及博客记录，保存为.txt文件格式，录入ROST NewsAnalysis Tools查看分析结果，过滤掉无关词汇后，生成词汇频率表，如表5-1所示。

表5-1 高频词汇表

特征词	频率	词性	特征词	频率	词性
产品	99	名词	春节	21	名词
服务	97	动词	特别	20	形容词

续表

特征词	频率	词性	特征词	频率	词性
非常好	58	形容词	人多	20	动词
有用	57	形容词	游戏	20	名词
北京	56	名词	活动	18	名词
小吃	49	名词	人山人海	18	形容词
东西	48	名词	排队	18	动词
消费	41	动词	老北京	17	形容词
摊位	38	名词	喜欢	15	形容词
感觉	35	名词	味道	13	名词
热闹	34	形容词	手工艺	11	名词
公园	33	名词	朋友	10	名词
过年	31	动词	小时候	10	名词
传统	24	形容词	自由	10	形容词
羊肉串	21	名词	感受	9	动词

资料来源：本文作者整理

1. 游客参与的属性高频特征词分析

频次排序分析是从侧面了解某个研究主题，这种分析是通过对主题词、关键词的分析，从而直接反映数据库中明确反映论文观点的标记，对主题词和关键词的分析，可以直接得出结构和趋势。

频次排序分析是比较常用的统计分析技术。频次排序是将关键词出现的频次由高到低进行排序，从中发现规律。这种分析在研究中经常被应用于发现隐藏在细节之外的关联。如集中-离散的规律，就是将研究者论文发表的数目由高到低进行排序，从而发现的。

使用 ROST NewsAnalysis Tools 提取的 2016 地坛庙会的游客评价中 30 个高频特征词，从高频特征词的词性来看，以名词、形容词和动词为主。其中名词有 15 个，占 50%，它们分别是产品、服务、北京、小吃、羊肉串、摊位、公园、感觉、春节、游戏、活动、味道、手工艺、朋友、小时候。可以对这些名词进行考察，发现这些名词有的指庙会提供的产品——小吃、羊肉串、摊位等；有的是对主题氛围的感知——感觉、春节、活动、味道、北京。形容词有9个，占27%，分别为非常好、有用、热闹、传统、自由、喜欢、人山人海、特别、老北京。这些形容词有的是源于游客的个人情感的释放，如喜欢、自由、特别；有的反映从众心理，如热闹、人山人海；有的可以认为是游客约定俗成的内涵，比如传统、老北京。高频特征词里最少的是动词，只有6个，占23%，这些词分别是服务、消费、过年、感受、排队、人多。这些词主要是游客对庙会的直接感受，主要表达了游客对庙会的体验和评价。

整理和归纳游客的思维习惯越来越多，对游客节事活动的参与感受的认识就能更清晰一些，整理会得出这种感受的框架结构，反映了节事活动的实际状况，但我们也只是从一定程度上或者一定侧面上了解和表现了这个对象。因此，还需要更多的分析。

2. 共现分析

根据受访者提供的文字，采用ROST NewsAnalysis Tools做出共现网络图，见图5-1。

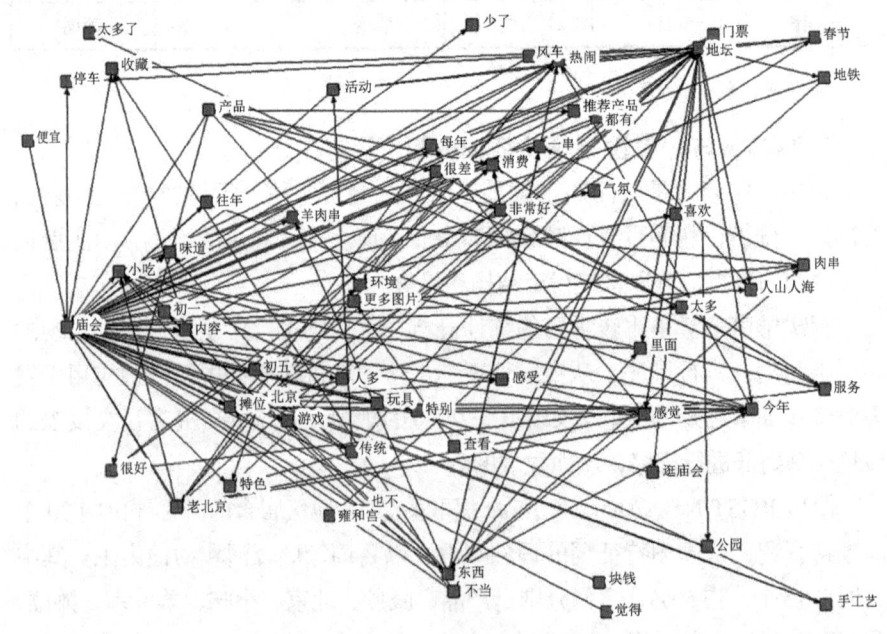

图 5-1 共现网络图

资料来源：本文作者整理

尽管在同一语境中，受访者话语中出现的主题词之间并没有明确的关系，但是我们还是可以通过分析这些主题词出现的具体情境而推理出这些主题词之间的关系。比如"东西"和"感觉"这两个主题词，我们可以理解为什么样的东西营造了这种感觉。

游客将通过直线指示的两个词联系在一起，这是心理学的邻近联系法则。从图5-1中可以看出，游客的感知既分散，又密集，充满了"热闹""环境""消费"等关键词，将"感觉"和"服务"也关联起来。地坛方面负责人曾表示，会努力为游人提供周到、方便、文明、优质的庙会服务。

"传统"和"活动"看出游客对草根皇帝环节的满意度。现场八音齐鸣，古乐悠扬，给受访者留下了深刻的印象。此外，非物质文化遗产项目现场展览也有着浓厚的传统气息。众多游客对地坛庙会的小吃慕名非常，南甜北咸一日尝尽，很多受访者因此提到了"庙会""羊肉串"等关键词。

3. 地坛庙会的介绍

地坛庙会始办于1985年，其胜景被誉为现代的《清明上河图》和中国的狂欢节。地坛庙会有着较高的艺术品位，重点展示民族民间文化产品特色。春节逛地坛庙会成了京城老百姓沿袭多年的习俗，因此也吸引了不少外地游客前来游玩。

2016年的地坛庙会是从2016年2月8日到2月12日，也就是大年初一到初五。此次庙会的主题是"欢庆祥和迎盛世，协同发展奔小康"。小吃街的拥挤场面是参加过地坛庙会的人印象最为深刻的。北京龙潭湖公园同样人山人海，北京绢人、手工刺绣、脸谱、毛猴等特色手工艺品和非遗项目产品吸引大量游客购买，非遗展位也引起游客关注。木雕城门再现了老北京的城门面貌，游客们纷纷在作品前拍照。形态各异的泥塑、脸谱作品，吸引众多游客围观点评。制作毛猴的非遗传人邱贻生今年第一次参加地坛庙会，希望借此机会传播传统文化。

据地坛公园介绍，庙会2月9日全天接待了21.9万名旅客，比开锣首日增长近3万人，刷新客流纪录。

（二）研究方法

研究方法是研究的手段，研究方法的选择是基于研究的问题，而不是为了方法本身。

美国学者费希尔（Fischer）曾对研究方法的选择有着这样的描述，质化研究是一种反思性的、解释的和描述性的努力。它从特定情景中的参与者的角度来理解和描述人的经验和行为。考虑到本文研究的问题是游客在节事活动中的行为描述和分析，笔者认为采用质化研究方法更为有效。质化研究方法是从主体的角度出发，在这里，主体指的是游客参与本身，通过研究者与主体之间的交互，理解主体的行为，并解释主体行为所代表的意义。质化研究中的资料即为回答研究者提出的问题。

在本文中，资料分为两个部分：一是游客参与地坛庙会的点评，二是对游客的访谈。资料采集完成后，再进行进一步研究。

1. 内容分析法

内容分析法（content analysis）是在传播学领域最早开始应用的，是一种系统性的分析内容的方法，目的是弄清内容的本质和趋势，旨在揭示隐形内涵，对事物的发展进行预测。

因此，研究者要根据研究的目的选择某种时刻的产品，对内容进行客观化、系统化和数量化的描述。在这个过程中层层推进，通过分析，从表象推理得出内在的准确意义。

本研究中，内容分析法用于分析游客拍摄的照片内容。每一个访谈对象都将给出他们参加庙会时拍的照片，然后按照内容出现的场景进行分类，场景包括是否为标志性符号、建筑。照片拍摄的内容可以直观地反映出游客的关注点，根据游客的照片所展示出的有关旅游吸引物和旅游兴趣，可反映出不同的心理特征。

2. 访谈法

访谈法是通过与受访者面对面的交谈来了解受访者的心理和行为，其核心是为了了解他人的经历，以及经历对人产生的意义。访谈法非常容易和方便可行，引导深入交谈可获得可靠有效的资料。团体访谈不仅节省时间，而且受访者可放松心情，作较周密的思考后回答问题，相互启发、影响，有利于促进问题的深入。鉴于此次访谈对象样本比较小，对此，笔者采取非结构型访谈，设定了一个主题，在有限的范围内与受访者自由沟通，对具体的细节可在访谈中逐步提出。因此，这种非常灵活的访谈对记录没有统一的格式要求，访谈时间因人而异，一般在30~60分钟。

此外，本文还将从经济学视角对体验进行分析，挖掘游客参与到节事活动的内在动力,并运用实证研究方法,从实践的角度对狂欢理论做出有益的探讨。

(三)研究过程

1.研究对象的选择

由于此次研究的是庙会的氛围体验,需要用到照片的内容进行分析,因此在选择对象时要选择有参加庙会经历,并能提供庙会照片的游客。为了做到样本较大的差异,在选取样本时尽量采取多的来源。基本的信息根据年龄、受教育程度、职业、性别来参考。本研究的样本一方面来自周围熟悉的人,另一方面来自于网络博客,从游记和照片中寻找到游客本人,从而展开访谈。由于有些游记的写作者年龄较小,不具有参考性,故选取的游记作者都是已经成年和有一定游玩经验的游客。笔者最终选择了20位受访者。其中,编号女性为 F 开头,男性为 M 开头。受访者的基本情况如表5-2所示。

表5-2 受访者相关信息

访谈者编号	性别	年龄	职业	教育背景
F1	女	28	公司职员	本科
F2	女	21	学生	本科
F3	女	25	公务员	本科
F4	女	29	公司职员	大专
F5	女	27	公务员	硕士
F6	女	23	公司职员	本科
F7	女	26	学生	硕士
F8	女	45	公务员	本科
F9	女	30	公务员	本科
F10	女	26	学生	硕士
F11	女	28	公司职员	本科
F12	女	24	学生	本科
M1	男	31	公司职员	高中
M2	男	51	退休工人	初中
M3	男	19	学生	本科
M4	男	27	公务员	博士

续表

访谈者编号	性别	年龄	职业	教育背景
M5	男	23	学生	本科
M6	男	28	公务员	硕士
M7	男	24	公司职员	本科
M8	男	25	公司职员	本科

2. 资料的收集

本文采取的方法是访谈法，选取去过2016年地坛庙会的人为研究对象。有的受访者受限于地理位置的局限，不能面对面进行访谈。因此，本研究还采取了电话的方式进行访谈。在访谈的过程中，经受访者允许后，对访谈进行录音，并随后对录音稿件进行文字整理，为后期的分析做资料准备。受访者提供的游记和照片，一部分是上传到网上，另一部分是私下提供的。

本文的结构式的访谈是让游客讲述自己在这次2016年地坛庙会的感受和心态，在游玩过程中看到的、听到的、觉得值得回忆的细节和乐趣。在本文的第二部分笔者会根据受访者提供的在此次庙会上拍摄的照片，提问拍这些照片的目的和缘由，并对他们提到过的某些细节进行深度挖掘。根据照片反映出受访者当时的心理和内在动机，以及受访者对这些动机的看法，等等。

有一些受访者有写游记的习惯，有的甚至向网络上传了配有文字的照片，这些都作为辅助资料，笔者在整理分析的过程中，会根据这些辅助资料进行进一步的挖掘和问询。

3. 资料分析

当资料收集好以后，就需要初步对资料进行归档、编码、分类。由于编码的信息点多，于是采用了分析软件来简化手工操作步骤，本项研究采用的是Nvivo7.0版本的质性分析软件。对于本文需要处理大量原始资料的质性研究而言，辅助软件的运用可以大大缩短研究周期，有助于研究者在浩瀚的文字和图片中快速筛选信息和有效思考。

根据本文的研究需要，笔者从以下几个方面进行编码：游客参加节事活动的内在动力、游客的个人情感的释放、游客的狂欢和大众文化、游客间所拥有的圈子文化。

四、节事活动产品的重构研究

（一）节事活动产品的内容重构

节事旅游产品，是一种以创造和传递体验为核心的服务，是一种具有私有物品属性的产品，同时也是一种具有公共属性的产品。所以，可以定义节事产品是一种服务产品，由市场提供，也可以由政府提供，包括具有盈利空间的文化演出、会展服务等。

节事活动是一个平台，通过庆祝的方式实现了社会的整合。因此，节事活动具有强烈的文化特征，保留有传统文化，再加上与现代文化的融合，将这种氛围进行传递，从而引导市场的主流，传达着消费文化和口味。这需要极大的创新和挑战。

节事活动的策划往往是根据文化而取材，从而保证了大多数的游客可以参与。然而，节事活动的核心是体验，从游客的话语中可以看出游客对节事活动的评价、游客参与到节事活动中有哪些体验。现如今的节事旅游中研究多为对旅游吸引物的研究，是一种对目的地的开发。

所有的游客都无法脱离社会文化环境而生活，其行为总是受到"氛围"的无形的影响。不管是地道的北京土著，还是初来乍到的外地游客，逛庙会是最有年味儿的庆祝方式：

"我想每一个北京人，对庙会都会有情结的，只有过年才会出现庙会。地坛庙会无疑是办得最好的，内容最丰富的，场面最大的，虽然现在很多项目都很商业化，里面的消费也不算很便宜，但是这里会让你感到年味十足。仿清祭地表演是这里独有的传统节目，场面非常壮观，非常值得一看；庙会小吃就更不用说了，除了北京小吃以外，在这里你还可以品尝到全国各地的名小吃；剩下还有很多民俗表演、各种民俗展览，都很值得一看的。"（M5）

"庙会作为过年期间比较热闹的集市，在北京有着根深蒂固的影响，尤其是地坛庙会，在此期间，每天都会有大批的人来此放松心情，感受节日的气

氛。"（F2）

"北京的庙会各有特色，地坛名气也算大的了，如果过年的时候可以体验一下气氛，其他的东西买不买吃不吃都无所谓。"（F8）

"过年的气息十足，喜欢。"（F11）

"基本上每年都去，却不是因为有多吸引人，只是童年保持下来的习惯，觉得去庙会才是过年。地坛庙会，人多东西贵，没什么意思，没去过的体验下也就那么回事。"（M6）

"很有气氛的活动，传统的场所举行传统的活动，很有意义。"（M3）

"庙会里有很多表演，类似于戏曲、杂耍，很热闹；还有很多是卖吃的、卖玩儿的的商铺。庙会里还有很多游艺玩乐的摊位，如果人多去套套圈、打打气球赚个大毛绒玩具什么的也不错。总之地坛庙会特别热闹，人特别多，要小心自己的财物，也别和朋友们走散。"（F10）

"人真多啊！人挤人！老北京庙会太吸引人！一二十万人！那场景！太吓人了！这还是其中的一个庙会啊。"（F12）

"人们节日里喜欢去庙会看热闹，花钱，图的就是一个喜庆，找个乐子。电视宣传片里的北京老人的形象都是气定神闲的，讲起话来底气十足，要么清晨提着鸟笼子到公园去遛鸟，要么就是坐在茶馆里喝茶、听戏，反正一副悠闲自在的生活状态。"（M8）

"地坛庙会有各种小玩意，春节期间才有，值得推荐。"（F6）

场域的内在动力源自对社会、文化环境的反应。游客也就是行动者在关系的引导下行动。比如，很多受访者都提到了过年就要去庙会，庙会可能会去北京最古老的庙会也就是地坛庙会去看看。也有很多人提到，去庙会是一种习惯，是一种根深蒂固的想法，是一种在个体的行动中形成的持续的、每时每刻都在发挥作用的习惯。看到了庙会中的人山人海、庙会中的杂耍和小吃，这就是过年。这种不受外界影响、源自个体内心的习惯就是场域的内在动力，也是一种约定俗成的圈子文化。

严格来说，圈子并不是学术词汇。同学讲同学圈子，朋友讲朋友圈子，因此，圈子的意思是一种社会集合，是一种以大众化理解为基础的纽带集合体。圈子也可以叫作团体、部落，或任何表示集合体的名词。但是，从大众视角转换成微观视角可以得出圈子的社会属性：那就是具有相同想法、共同目标、一定联系的人以及这群人的社会关系的总和，与布迪厄的"场域"理论有着密切关系。

圈子本身就是一种场域，一种依仗社会属性的产物。因此，维系着圈子的建成和发展的，就是内在动力，是群体所共享的，不论是在哪个领域：

"庙会算是北京的很有特色的风俗了，如果是大年初一到初五在北京的话，一定要逛一次庙会体验一下。游人们来此也是携家带口、喜气洋洋，在北方寒冷的春节期间这里为人们提供了一个很好的室外游览点，很多家长特意带着孩子来见识那些平时没机会看的民俗表演，也图个热闹。"（F5）

"地坛庙会是北京最传统的庙会，庙会每年初一至初七举行民俗活动，大人们与朋友或带着小朋友们去那里游玩、欣赏民俗风情、购买纪念品、吃老北京小吃、玩娱乐项目，不亦乐乎。"（F10）

"算是北京最大也最有名的庙会了，不仅有传统文化祭祀活动，还有很多特色小吃，年味还是蛮足的，不过就是人太多了，和喜欢热闹的朋友来感受一下北京的庙会。"（M3）

"所谓地坛庙会，也许是2016年的春节没有老北京风俗产品吧，我们此行除了人多看个热闹外，真的没感受到其他，去一趟瘦不少！不推荐。"（F9）

"北京过春节必去的庙会，早上去得早的话9点以前到，可以看到祭天地的表演。庙会有很多卖老字号的小吃、工艺品、老北京人玩的玩意儿的，就是人非常多。"（F5）

"春节最喜欢逛庙会，开始和妈妈去的，后来有了男朋友，每次都和男朋友一起去。大学毕业之后，和舍友约定每年都去一次庙会。庙会见证了我的亲情、友情和爱情，有儿时的记忆、老北京的情怀。虽然人很多，但是春节还是想去凑个热闹，北京人不就是喜欢凑热闹嘛。记得最多的一次是过年七天去了5个庙会，但是地坛是每年都去的呦。"（F3）

"有人说带着孩子、陪着父母，赶庙会是春节期间的一大乐事。"（M1）

从受访者的语言中可以看出，拖家带口逛庙会的人非常之多，和朋友一起逛庙会的也很多。这种带着亲朋好友一起参加节事活动几乎成为了一种约定俗成的现象，和人山人海相对应的场景是呼朋唤友。

因此，这种以血缘、亲缘、地缘为联系建立的圈子是相对封闭的，这也反映了我国社会本质、社会的相对封闭性。这种圈子有大有小，你中有我，我中有你，千变万化，在圈子中取得认同，又在圈子中得到自我定位。对这种非正式组织的研究，可以发现很多发自于内的表象，比如逛庙会的圈子也就是共享庙会人群的目标和感触，这种圈子化的特征根深蒂固。

旅游中的表现是与日常生活脱离的，因此旅游活动表现出了比较纯粹的"文化性"。从圈子的角度看来，旅游活动是具有一定的社会性质的行为，旅游的圈子活动是一群具有相似品位，无论是社会品位还是旅游品位的人一起实践的方式。这种相似的品位最初的评判标准是是否对他人品位的喜好与厌恶，通过建立特定的旅游方式与社会的含义相关联，在不同的旅游形式和风格之间将人们所属于的社会位置建立起来并与之相对应。旅游者在选择旅游活动时，会偏好脱离生活之外的体验，这种建立起的与生活截然不同的体系，无关乎世俗的游戏规则，而世俗的规则如政治权力、道德声誉，又或是经济资本在旅游生活中只会起到相反的作用，这种"非功利性"的行为在布迪厄创建的"场域"理论中有着"建构社会区隔"的文化社会学的解释。

（二）节事活动产品的模式重构

首先，我们必须强调，狂欢节必须是平民大众自发自愿的节日，巴赫金反复强调说明，狂欢节不是一个为人们观看的场景，人们在其中生活，人人参与，因为狂欢节的概念包含了全体大众。狂欢节之中的生活只从属于它自己的法律，即它自己的自由的法则。它具有一种世界精神，它是整个世界的一个特别的状态，是一个世界复兴与再生的境界，是人人参与的境界。

受访者 F2 提到，逛庙会时候人真的很多，人挨人，人挤人，挤着挤着就从南门被挤到了西门，门票算是白买了，哈哈哈哈，啥也没看到。这是那一年去逛庙会的印象。过年有庙会的时候还能看到有皇帝祭地的表演，在公园的中心祭台举行。人多热闹、嘈杂的氛围是庙会给人的第一印象，这种印象所传达的是不分等级，是原始社会等级的全民狂欢。

受访者 F6 提到拥挤的人群也是一道风景线，最近几年确实不怎么看了，就是有个祭地的表演，皇帝演员带着呼呼嚷嚷的一大众随从从行官到祭地现场，一路上通过拥挤的人群也是一个景观，整个公园都会播放官廷歌曲和祭地过程的实时解说，很是隆重。

而多数人都会提到狂欢中的氛围。M1 提到，现场的张灯结彩、红红火火，高挂的红灯笼增添了过年的气氛。F10 提到，北京城的庙会这里是最有名的，每年初一至初七会有传统民俗活动，传统的和非传统的特色小吃、小商品等很热闹，人也很多。

庙会图的就是人多热闹，参与到庙会中的人也是庙会中最重要的产品。在庙会里感受到人的充盈、人创造的氛围。其他游客的感官宣泄亦是自己的宣泄，脱离了日常千篇一律的表演，这里表演的人既是日常中的人，却又多了混乱、嘈杂等非理性的意味，游客的狂欢是消费这些非理性，激发内心深处渴望已久，又一直被压抑的情绪。理性因素暂时被非理性打乱，这就是在节事活动中，大吵大闹不会被作为不礼貌的行为，欢呼和尖叫不仅释放了自我，也给他人带来了无拘无束的氛围。

逛庙会，已成春节期间最大的汉族民俗活动。有人称为中国人自己的狂欢节。不同于官方的庆典的规模宏大和气氛渲染的热烈及政治、道德的秩序，平民的狂欢是非理性的，充满了对一切人、一切事物的不拘泥的冲撞。狂欢节就是要尽情地享受着感官宣泄，是全民性的，是所有人都参与其中的亲昵的交往。没有观众，没有导演的自由平等，没有等级，反对一切常规。

如法国的尼斯狂欢节，以欢乐喧嚣的形式表达了严肃深刻的意义，传达着享乐的态度。人们在休闲的同时也体验到了无与伦比的快乐。

为了追求经济效益，狂欢节需要游客为节事旅游的产品买单。不同的节事活动有不同的文化，单纯的展示和贩售已经不能满足游客对节事参与的需求。

要提高游客的参与性。民俗文化、游行、歌舞表演等可观看的活动组成了节事的氛围。但是仅仅是观看演出的话，游客的参与度并不是很强烈，并没有留下深刻的印象。从调查中也可以看出，很少有人提及相声演员露天搭台的演出，或者是举行祭天活动的场景，反而更多的游客提到了可以玩的小游戏、可以吃的羊肉串，这些是需要明确互动的参与。活动内容也不应仅限于观看性质的，倘若拥挤热闹的场景也是游客喜闻乐见的场景，那么精心策划这些场景也可以赢得游客的心。

挖掘节事活动的内心属性，游客在参与节事活动中，享受心灵的快乐。

五、游客在节事活动中的双重身份探析

(一) 游客具有凝视与被凝视的双重身份

英国学者约翰·厄里 (John Urry) 所写的《游客凝视》(The Tourist Gaze) 提出"游客凝视"是现代旅游的核心。通过对游客凝视的分析,日常的休闲和工作被严格区分开来,前者是主体性色彩,浪漫、个性、自我;后者则是非主体化、机械、控制、与他人有关。

厄里在 2001 年再版的《游客凝视》中,对游客凝视提出了几种方式。首先是"浪漫的凝视",游客为了搜寻美学体验,希望看到的是独一无二的景观,通过独处的方式探索。

表 5-3 厄里的游客凝视类型

类型	特征	说明
浪漫的凝视	孤立;持续性热衷;情景、幻想、敬畏、灵韵的凝视	多是中产阶级;热衷于欣赏自然界奇观;自主旅游;探索旅游
集体的凝视	共有的活动;连续地参与遭遇;相似性的凝视	多是工人阶级;或称为产业工人阶层;喜欢集体狂欢的方式
旁观者的凝视	共有的活动;连续地简短遭遇;走马观花;不同符号的浏览	大众旅游;全包价旅游
人类学的凝视	孤立;持续地沉浸;扫描及动态的解析	人类学家
环境的凝视	聚集的结构;持续的说教的;扫描、调查和检视	绿色旅游

在节事活动中,游客的凝视类型几乎全部都有。"集体的凝视"是所谓追求狂欢达到目的的游客的凝视。如狂欢节,人们共同追求达到某种感官上的体验。无论男女老幼、土著还是外地游客,都可以参与到这个活动中来,在欢呼中、喝彩中,集体情绪的高涨、热烈的气氛、狂放的情绪甚至是争论强化了这种群体的凝聚和认同。这是以聚集为纽带的组织。

"旁观者的凝视"与"恭敬的凝视"是两种不同的视觉行为,一个是动态的,另一个是静态的。互相观察对方、凝视对方时,这两个世界才能打破时

间的限制，才能相遇。

"人类学的凝视"则倾向于对符号的探索。深入地认知他者的世界，进入他者的世界，从我们自己的社会隔离开来，增加对其他社会的了解。不仅仅是了解他人的文化与思维，拓展自己的世界观。在尊重与凝视之后，我们不一定要改变，我们的自由是在与别人的关系之中。

"环境的凝视"是追求环境影响最小的一种生态旅游。旅游的发展使得全世界范围内的游客增长了环境意识，游客在对地理和空间环境的感受上不断找寻不同的目的地和场所，不仅是在主要城市，在其他场所如热带雨林，也是最常被游客所访问的。

与厄里不同的是，法国哲学家萨特也提出了不同的凝视形式。萨特在《存在与虚无》中提出了"锁眼偷窥"的凝视形式。

不同的凝视行为，必然会构造出不同的文化体验。观察者（Observer）在"凝视"的同时，本身并没有跳出被"凝视"的状态。观察主体的视野，取决于某种实践和被主体化过程中的场所。观察者并没有跳出常规和局限的眼光。

著名诗人卞之琳在1935年发表的《断章》中曾这样写道："你站在桥上看风景，看风景的人在楼上看你。明月装饰了你的窗子，你装饰了别人的梦。"这种"浪漫的凝视"的活动，充满了凝视与被凝视的冲突游戏，这种冲突被"游客情怀"风景化了，而一旦这种主题寓言成为了"游客凝视"，主体感就会消失，转而升华出一种浪漫的氛围。这种浪漫的氛围不仅仅是社会所塑造的，还牵扯到其他社会成员的意识形态，以及如何控制和改变这些行为，或者称之为"惯习"。"游客间的凝视"是值得关注的，这种不断地诞生浪漫又感性的幻觉，把人"游客化"了。

（二）游客凝视内容的分析

1. 从话语对游客凝视内容的分析

"因为从很小的时候就会来这里的庙会了，有满满的回忆在啊。今年的人好像比往年的人少一些呢。"

"北京比较传统的庙会，近几年可逛可玩的一般般，远不比郊区自驾，但要的就是那么一股过年的形式的感觉。"

"被窗外明媚的阳光勾搭得受不了，下午跑去地坛庙会。尽管仍然人潮涌动，但没有往年那么喧嚣，说是文化庙会么，下午过去，也没有见到什么，感觉就像鸡肋，不去挠心，去了闹心。虽如此，就算是看看喜庆的中国红，衬着北京湛蓝的天，心里会格外地喜悦一下。"

"各种表演让人赏心悦目，眼花缭乱；各种演唱余音绕梁，让人掌声不断；各种特色小吃让人垂涎三尺，色香味俱佳。到处都是张灯结彩，红红火火；到处都是人声鼎沸，熙熙攘攘；到处都是车水马龙，喜气洋洋。从早到晚，我们整整转悠了十多个小时，早饭午饭都是在庙会上吃的喝的。"

"近几年还会有登基表演，可报名参与，不过不是每天都有。但个人觉得现在的庙会真的没什么看头了，就是人，吃的很贵，羊肉串一串要10块钱吧，味道也一般。卖的东西基本上是糊弄小孩的一些小玩意，还会有些游戏，能赢奖品的那种，不过不是谁都能赢到的。"

"庙会赶集的人都手拿一些民族风味的小玩意，变身齐天大圣或手拿巨型糖葫芦，我们称之为北京庙会'爆款'。"

"想感受老北京的过年，一定得来这个庙会，天冷，人多，就像好多年前的那样。吃的就是那种美食节的各种吃食，冰天雪地的，吃上一下，再加上周边的气氛，真的感觉到年味儿。"

"民间花会表演，就是东门吧大概，有块场地，每年都有花会表演，打鼓的舞狮子的，特别热闹。好像是上下午各一场，也没什么特新鲜的，就看个热闹图个喜庆吧。"

"不嫌弃庙会吃的卫生不过关的朋友可以选择在庙会里的小吃街吃，不过非常拥挤，绝不可能踏踏实实吃上几口，工作人员糊弄东西，自己吃着味道和口感也是囫囵吞枣，就图个热闹和气氛吧。"

"定点的祭地神表演人满为患，里三层外三层，中间还夹着三层。千呼万唤，皇帝爷爷出现了，山呼海啸般簇拥，表演开始啦。看了个头，我们匆匆离场，人气太旺，拥挤不堪，感受过氛围、见过场面就好了。"

整个庙会基本半天就出来了。卖火鸡肉鸡肉串的很多很多，价格基本是外面火鸡串的两三倍，几十元一串的也有，但是没羊肉。灌肠、面茶什么的外地游客就不要吃了，根本不正宗。娱乐设施现在都花钱买卡了，用卡片消费，十赌九输，很多项目都是不可能赢的把式，也就是只求一乐吧。关于京件、糖葫芦、风车什么的适可而止就好。人非常多，再次强调，没啥可买的，性价比都超低。朋友一起聚聚尚可。"

祭祀、宗教性质的活动变成了游园期间的大吃大喝，不少受访者都提到了羊肉串、买羊肉串排的长队、各种特色的羊肉串、卖羊肉串有哪些摊点等，游客认为满足了久违的食欲需求是庙会中的重要课题。在原始的仪式和礼节外，同样也要满足声色本能。节事活动在此起到了调节器的功能，对庙会中的文化起到了整合的作用。

2. 从照片对游客凝视内容的分析

在本节研究中，内容分析法用于对旅游者拍摄照片的内容的分析。照片内容是指一张照片所涉及的拍摄场景，它同时也反映出了游客观察、关注的兴趣点。因此，本项研究根据游客的照片中拍摄的对象的类型，分为标志性景观类、标志性场景类、非标志性景观类和非标志性场景类。对游客拍摄的照片进行内容分析，旨在研究游客在此次活动中凝视的内容，及其不同的凝视内容反映出的不同心理特征。

表 5-4　旅游照片内容统计数据

受访者	标志性景观	标志性场景	非标志性景观	非标志性场景	总计
F1	2	1	3	4	10
F2	5	1	15	6	26
F3	2	9	1	7	19
F4	5	4	3	6	18
F5	10	7	5	3	25
F6	3	7	9	2	21
F7	2	2	5	3	11
F8	12	22	6	10	50
F9	10	6	23	15	54
F10	5	7	9	13	34
F11	0	8	0	26	34
F12	15	20	2	3	40
M1	4	1	3	2	10
M2	6	2	3	2	13
M3	12	20	5	8	45
M4	15	3	8	9	35

续表

受访者	标志性景观	标志性场景	非标志性景观	非标志性场景	总计
M5	4	5	7	13	29
M6	10	13	2	5	30
M7	1	4	7	9	21
M8	3	2	5	6	16

（1）标志性景观和场景

标志性景观和场景主要包括旅游宣传册、媒体、电视等大众传播渠道中展示较多的景点，比如写有景区名字的大门、景点的标志牌、众所周知的某个景观。以景区大门为背景，人在中间，这种照片代表了一类游客的旅游喜好。这种强调标志性景观和场景的特性几乎在每个受访者身上都有出现。比如，此次 2016 地坛庙会中猴子的吉祥物，在受访者提供的照片中出现频率很高。

"曾是我居住的地方，有着我的童年回忆"，"很小的时候就会来这里的庙会了，有满满的回忆在啊"。有些受访者提到了"回忆"，这说明标志性景观和场景对旅游者有着强大的吸引力，在旅游中寻找标志性景观和场景并合影成了必须做的事情，也是最具有代表性的事情。旅游景点的被标示化，使绝大多数游客在游玩时一定要去看的就是标示所在地，大部分游客集中在了有限的场所中。

不同的受访者对这些标志性的景观和场景的照片反映各不相同，但对这类照片所代表的意义是一直认同的。从这一个景观和场景看来，厄里认为旅游是一个收集旅游符号的过程，而标志性的景观和场景显然成了最一目了然的旅游符号。通过这样的旅游符号，游客可以感受到当时的场景和氛围。

（2）非标志性景观和场景

非标志性景观和场景留恋就是旅游者和标志性景观和场景的合影，比如嬉戏游玩的照片、消费的照片，等等。非标志性景观和场景融入了旅游者的内心想法和思维，是能直接反映出旅游者在旅游的过程中的享受的景观和场景。因此，可以看出，如果旅游者在旅行的过程中，拍摄的标志性景观和场景的照片很多，那么对于非标志性景观和场景的拍摄一定很少。根据照片内容分析的结果结合对他们的访谈资料，可以发现这些受访者对待两种景观和场景的不同看法。

受访者的照片中，出现了表现景观和场景的照片。比如，和亲朋好友一起玩游戏的照片、众人一起排队买羊肉串的照片、反映人山人海的场景的照片、挂满红色灯笼年味气息浓厚的照片。以上几类的照片几乎在每个受访者提供的照片中出现。无关乎是不是在某个特定场景的特定样子，他们特别强调突出照片中人的表现。

（3）游客由浅到深的凝视

有的游客全心全意地投入到了旅游中，释放了自我，抛开了世俗，而有的游客只是停留在景观所表现出的形态的表面，并没有融入到景观中。从体验的层次来分析，停留在景观表象的是浅层次的凝视，全身心投入到旅游当中的是深层次的凝视。如果旅游者只能做出直接的情感反应，比如，喜欢用"高兴"、"好玩"这类词语，我们定义其为浅层次的凝视，这种凝视是肤浅的，是一种纯粹为了收集旅游符号的行为。如果旅游者做出了深层次的凝视，他必然对所看到的景观做出了更多的思考，感受到"热闹的场景"、"浓郁的年味儿"，释放出了最真实的情感表露，最终升华到对世界和人生的理解。这种深层次的凝视是一种发现真实、认识自我的过程。

然而对某个场景深层次的凝视并不是每个受访者都能做出的反应。在这次地坛庙会上，老北京人，或者以前参加过地坛庙会的人，就相比第一次参加庙会的人更能做出深层次的凝视，这些人感受到了氛围。而第一次参加庙会的人的反应多数还停留在最直接的情感上。

浅层次的凝视可以直接折射出游客的欲望和缺失，深层次的凝视则更加的隐晦。游客凝视通过消费满足了自己的欲望，并在新一轮的角逐中继续找寻下一个凝视的对象。

站在旅游者的角度上，一次出游的完整经历就是旅游产品。而吸引游客的事物也不仅仅是经营者制造出的旅游吸引物和设施，游客从开始旅游行为到结束旅游行为之间的经历，都是在消费旅游产品。

因此，旅游产品必须有体验，也必须有服务。大多数的学者从开发商的角度来研究开发旅游产品，这一点毋庸置疑，从经济效益、目标定位等方面综合衡量，可以很好地诠释何谓成功的旅游产品。

但是，本文着重强调体验，也就是不可控的、无关乎开发商制造的旅游吸引物的、游离于表象之外的体验。

旅游的核心是体验，体验是对表象的升华，是高层次的感觉。体验具有排他性，能反映出游客的核心感受。

游客的体验是唯一的，是不可能复制的。尽管面对相同的场景，但每个人的体验却不同，这种不同是由于每个人的脑力活动、文化环境、受过的教育等造成的，是由他们自己制作出的、属于自己创造了自己的产品。旅游者是节事活动的生产者，也是节事活动的消费者，具有双重身份。

六、结论与不足

本文将节事活动的理论与实践相结合，系统地研究了游客在节事活动中的参与价值，游客参与节事活动，节事活动才能长远发展。游客参与的满意度是节事旅游发展的保障。旅游的发展在很大程度上要靠游客作为支撑，传承文化传统，走可持续发展的道路。这不仅要靠政府主导，更要靠企业在策划时注重游客参与度。

节事活动是一种众多游客参与其中所构成的联合体，只有所有的游客都融入其中，才能创造出价值。这就要从两点考虑这种组合：一个是开发商，也就是东道主必须要盈利，否则节事活动就进行不下去了；另一个是游客也要从中受益，得到了超出花费的体验。如果这次活动不能给东道主带来利润，或者并没有传递和创造出游客的价值来，那么这次活动就失败了。而游客传递和创造出的价值，可以是给产品和服务的提供者，也可以是给其他的参与者，比如其他的游客。这种传递相同的价值，便构成了一个圈子。

这种体验是日常生活之外的愉悦休闲。考虑体验的构成，考虑哪一种体验给游客留下了最深刻的印象和难忘的，是节事策划中应当研究的。

节事活动者选择出游动机很多，最核心的还是节事活动的体验。体验是被设计出来的，以游客愿意接受的休闲方式作为依据，开发不同的节事产品。因此，如何提高节事体验是一个很好的落脚点。应该不断提炼节事旅游产品、旅游吸引物以满足游客需求。

游客参与是一项重要的资本，与其他资本相结合，便构成了旅游产品。好的节事活动一定有好的创意。关于如何让游客融入节事活动中，应该通过对节事活动的分析，得出游客参与的广泛性，使游客可以在节事活动中无拘束地无差别地互动。而好的创意对整个城市旅游的升级有着积极的影响。

本文通过研究地坛庙会所代表的节事活动这个个案来梳理整个节事旅游领域的研究现状,科学地提炼出促进节事旅游发展的研究成果,以期对节事旅游发展起到积极的作用。

但本文对我国节事活动氛围进行的研究,是一种尝试性和研究性的探索,存在的不足之处有以下几个方面:

①在数据搜集方面,由于时间、精力的限制,采取了网络和实际相结合的方式,但在调查范围上仍然存在局限性。以春节参加过北京地坛庙会节事活动的游客为主要研究对象,这种选择是为了比较研究,控制变量,但北京其他地点的庙会,或者是别的城市的庙会的样本不足。同时,不同人口特征、地域特征等,也没有在样本中体现出来,使得样本的代表性有一定缺陷。

②本文的研究模型,是针对节事活动中的地坛庙会进行的研究,这就使得本研究得出的结论并不能涵盖到整个节事的范围。此外,对旅游市场细分的群体特征的表述也不够显著,这在一定程度上降低了可以实践应用的范围,在节事旅游的规划开发时的指导价值也有所下降。

③调查中,对有关人口统计特征的样本,没有加入地域的特征,也并没有根据受访者的年龄、受教育程度进行交叉分析,这种归纳比较零散,难以收集。由于经历和实践的限制,无法引入对照分析,使得这种比较也在一定程度上缺乏必要的支撑。

参考文献

[1] Pearce P. L. Tourist Behaviour. Themes and Conceptual Schemes [M]. Cleve Dan: Channel View Publications, 2005.

[2] Yagi C. How tourists see each other tourists: Analysis of online travelogues [J]. The Journal of Tourism Studier, 2004, 12 (2).

[3] 李鹭. 简析边界建设对游客体验满意度的影响——基于"场域"理论的思考[J]. 经济问题探索, 2012 (11).

[4] 周宪. 现代性与视觉文化中的旅游凝视 [J]. 天津社会科学, 2008 (1): 111-118.

[5] 陈才. 意象·凝视·认同——对旅游博客中有关大连旅游体验的质性研究[D]. 东北财经大学博士学位论文, 2009.

[6] 崔红红. 旅游图文凝视下的目的地形象研究[D]. 华东师范大学硕士学位论文, 2010.

[7] 徐琦. 消费社会中的旅游凝视行为研究[D]. 东北财经大学硕士学位论文, 2010.

[8] [美] 约瑟夫·派恩, 詹姆斯·吉尔默. 体验经济[M]. 北京: 机械工业出版社, 2002.

[9] 谢彦君. 基础旅游学[M]. 北京: 中国旅游出版社, 1999.

[10] 林方. 人的潜能和价值[M]. 北京: 华夏出版社, 1987.

[11] 宋秋, 杨振之. 场域: 旅游研究新视角[J]. 旅游学刊, 2015, 30 (9): 111-118.

[12] 于鹏杰. 场域: 现代社会研究的另一种视角[J]. 广西民族大学学报, 2009, 2 (3): 62-67.

[13] 刘康. 对话的喧声: 巴赫金的文化转型理论[M]. 北京: 北京大学出版社, 2011.

[14] 赵世瑜. 中国传统庙会中的狂欢精神[J]. 中国社会科学, 1996 (1).

[15] 吴茂英. 旅游凝视与评述[J]. 旅游学刊, 2012 (3).

[16] 成海. "圈子"的构建与实践——旅游规划的民族志[D]. 云南大学博士学位论文, 2011.

[17] 周志强. "凝视"塑造的"凝视者"[J]. 中国图书评论, 2010 (12).

[18] 张涛. 节事消费者感知价值的维度机器作用机制研究[D] 浙江大学博士学位论文, 2007.

[19] 周建萍. 追寻狂欢——巴赫金的"狂欢理论"与当代大众文化现象[J]. 齐齐哈尔大学学报, 2004 (9).

[20] 林育彬. 从勒温"场论"审视景区游客社会公德不文明行为[J]. 辽宁行政学院学报, 2010 (8).

[21] [美] William S. Sahakian. 社会心理学的历史与体系[M]. 周晓红等译. 贵阳: 贵州人民出版社, 1991.

[22] 张荣. 从网络狂欢看互联网时代的个人、共同体与社会[J]. 福建论坛, 2015 (12).

[23] 曹国新. 社会区隔旅游活动的文化社会学本质[J]. 思想战线, 2005 (1).

[24] 杨惠. CSCL 中学习者知识建构水平及其影响因素的研究[D]. 首都师范大学硕士学位论文, 2009.

[25] 杨建春, 李黛. 基于勒温场论的高校教师激励机制探析[J]. 东北大学学报(社

会科学版），2012，14（6）．

[26] 潘艳玲．基于符号认知的历史街区旅游体验研究［D］．上海师范大学硕士学位论文，2012．

[27] 张丽娟．虚拟旅游的体验质量评价研究［D］．天津财经大学硕士学位论文，2011．

[28] 左娅．基于体验式开发的长沙传统民居改造设计研究［D］．中南林业科技大学硕士学位论文，2009．

[29] 肖璐．节事感知与地方认同的关系研究［D］．华南理工大学硕士学位论文，2012．

[30] 姚君洲．公共艺术的场域性［J］．美术观察，2008（1）．

[31] 邹颖超．论环境决策中的公众参与制度［J］．湖南经济管理干部学院学报，2005，16（6）．

[32] 王兵．微博时代的全民话语传播及影响研究［D］．中国海洋大学硕士学位论文，2013．

[33] 花莲莲．地方性节事游客的忠诚度影响因素研究［D］．华南理工大学硕士学位论文，2014．

[34] 李永健．电视节目质量评价的新方法——内容分析法［J］．山东视听（山东省广播电视学校学报），2006（2）．

[35] 代言．"场域-惯习"视角下的合作数字参考咨询服务［J］．产业与科技论坛，2011，10（1）．

[36] 庙会的小吃—网络文魁［EB/OL］．http：//blog.sina.com.cn/s/blog_4c0c50950102dvly.html，2013．

[37] 崔雷的博客．文献共现分析入门［EB/OL］．http：//www.sciencene.com，2010．

[38] 教育技术研究方法课程——课程讲义．互联网文档资源［EB/OL］．http：//www.360doc.com，2015．

[39] 地坛春节庙会——肥滋滋和滑溜溜的旅程［EB/OL］.http：//blog.sina.com，2014．

[40] "地坛庙会"百度百科［EB/OL］．http：//baike.baidu.com/link?url=ns54-VuJfgF0l1d7qCKVT-tn5fTNCGxDifhhWILSQauYt7Rf_Pp3A1dDUUJM3rt2OVMRmGEjqv30nhndUD7zq．

第六章 节事活动的经济外部性问题

一、引言

　　会展业是城市经济发展到一定阶段的产物；同时，它的发展和壮大也对城市经济的推动和进步产生很大的影响。会展业一直被冠以"城市经济发展的助推器、城市面包"的美名，因此，在世界范围内很多城市都在争相发展这个新兴的产业，以期能够为本地区带来更多的经济收益。会展业对城市经济的影响表现在很多方面，例如：拉动城市经济总量增长、促进城市产业结构升级、增加就业机会、促进相关产业的融合发展、完善城市经济发展的硬件和软件等基础设施等。[1] 20多年来，关于会展活动对经济影响的评估一直是国外学者的研究热点，尤其是节事活动，有学者发现布朗（Braun，1992）是研究会展业对经济贡献的第一人。[2] 随着会展经济的快速发展以及专业研究的不断深入，国外关于会展业带来经济效应的乐观结论遭到很多的质疑和争论；同时，国内在该领域的理论和实证研究也逐渐火热起来，但仍处于起步阶段[3]。本文将对国内外141篇相关文献进行总结、梳理，从节事活动对城市经济影响的角度对这些文献进行综述，并提出较为系统的研究框架，为学者今后做相关研究提供参考。

二、节事活动和经济影响的概念

　　为了方便本文的文献陈述，需要对会展产业、节事活动业、会展经济及其经济影响的内涵进行界定。

　　会展产业早在19世纪的欧洲就开始形成并迅速发展起来[4]，但至今，国内外关于会展业的定义一直没有得到统一。王方华和过聚荣主编的《会展导论》一书中，对会展业概念是从其经济意义上来界定的："会展业是指通过举办各种形式的会议和展览展销，能够带来直接或间接经济效益和社会效益的一种经济现象和经济行为,也被称为会展产业或会展市场。"[5]而程红等在《会展经济:现代城市"新的经济增长点"》一书中,从会展业活动主体的角度概括了会展业的定义,即会展业是会议业和展览业的总称,是指围绕会议、展览的组办,会展的组织者、展览场馆的拥有者、展览设计搭建单位开展的一系列经济活动。[6]国外关于会展业的英文表示大多数为"Convention and exhibition industry"。无论从哪个角度进行定义,我们都可以认为会展业作为一个独立的产业形态,其一系列的活动都会对周围的人、事、物产生一定的经济影响。

会展经济是一种经济现象,其定义有广义和狭义之分,狭义的会展经济即为会议和展览活动所产生的经济现象的总和。本文从宏观的角度评价会展业的经济影响,故采用广义的会展经济概念:"广义会展经济的外延除狭义会展经济包括的会议和展览会之外,还包括节庆活动,范围非常广泛,例如博览会、展销会、交易会、洽谈会、体育赛事、奖励旅游等。"[7]

本文用会展产业近似替代节事活动产业,因为在学术界学者们普遍运用会展产业这个概念,所以做节事活动外部性文献研究时只能沿用这个概念。但笔者认为节事活动较之会展更加科学,这是另一个问题,在此不做详论。

国内目前没有专门对经济影响进行定义,故采用国外的定义。索尔伯格(Solberg)、安德松(Andersson)和谢卜利(Shibli)(2002)对经济影响给出的定义是指由观众或企业给目的地带来的新钱所产生的各种影响[8]。但学术界对其定义并不统一,在会展业方面,目前国外学术界普遍认同的界定是:由于各种会展活动引发的新资金的流入,这些新资金参与到会展活动举办地的经济循环中,从而引起区域经济总量的发生变化[9]。

三、国内外研究的相关内容

笔者通过相关学术检索,得到相关文献共计141篇(其中国内文献94篇,国外文献47篇),通过对其进行细致的梳理,并按照一定的逻辑归纳,可以发现目前学者在研究会展业对城市经济影响的具体角度上,有以下三种情况:①从宏观的角度综合地讨论会展业对城市或地区的经济作用;②在会展活动的类型,即展览会、各种赛事、会议和节庆活动四个方面,一般学者会选取其中一种类型作为文章的主体来进行研究和分析其对城市的经济影响；③从会展活动的规模大小来预计或评估其可能产生的经济效应。综合来看，不论是从哪个角度出发，学者们讨论的经济影响主要表现在以下几点上：经济总体收入、产业结构变化、就业问题、税收影响、基础设施的建设、城市竞争力等。由此可以得出一个基本的研究框架，具体如图6-1所示。

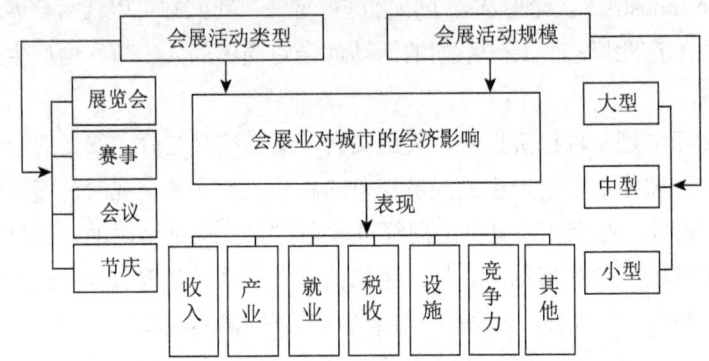

图6-1　会展业对城市经济影响研究框架

（一）对整体经济总量的影响

会展经济作为一种独立的、新兴的经济形态，其所产生的直接经济影响一直是学者们关注的焦点。对于这方面的研究，一些学者已经做了相关总结和综述。王起静（2009）运用文献研究方法通过对国外著名期刊上的76篇相关文献进行梳理和综述，对学者们的研究方法和研究内容进行整理，最后提出了一个评估会展事件经济影响的框架[10]。胡萌、王海玉（2014）认为城市会展业对当地经济增长的影响可以按时间效应长短、按传递程度大小和深浅度进行划分，也可以在理论分析的基础上，以地区生产总值为目标变量，构建会展业对城市经济增长影响的理论评估模型[1]。由于评估的角度和方法的差异，目前学者对会展业能够给城市带来的真正经济影响一直保持着积极和消极两种对立的态度。

1. 积极的经济影响评估

大多数学者在研究会展业相关活动对城市经济产生的影响时，都保持一种乐观的态度，并通过不同的实证方法对其观点进行佐证。例如，刘大可和李美（2009）在分析展览会对北京的经济影响时，先从理论的角度提出了一个四维的经济影响分析模型,并以 2008 年 9 月至 11 月期间在北京举办的 10 个展览会为研究对象,对其进行抽样和问卷调查,应用宏观经济学的 GDP 测算方式,重点计算了参展商和专业观众在展览会上的花费,以此对其理论模型进行了实证检验[11],并提出了积极的倡导和建议;类似地,李和泰勒(Lee & Taylor,2005)通过问卷调查的方法,通过剔除与事件无关的消费,估算了 2002 年世界杯的举办给韩国带来的直接经济效益为 13.5 亿美元的销售额、3.07 亿美元的收入以及 3.17 亿美元的增值[12];而罗秋菊、庞嘉文和靳文敏(2011)则采用经济学中的投入产出模型对 104 和 105 届广交会对广州市的经济影响进行了分析计算,得出这两届广交会经济效应十分相似,一届广交会的直接带动效应为 55.26 亿元,间接带动效应为 107.98 亿元,它们的直接与间接效应之比为 1∶1.95,肯定了广交会的积极的经济作用[13];孟凡胜、宋国宇、井维雪(2012)则采用回归分析的方法,得出会展经济发展的影响因素与城市经济发展的影响因素之间具有正的相关性的积极结论[14]。而最有说服力的是,日本三菱研究所(MRI)用 5 年多的时间对 1985 年筑波世博会的经济连带效应进行了跟踪研究,结果发现筑波世博会的直接花费为 11 579 亿日元,但它为日本带来了高达 23 163 亿日元的经济增长,大约相当于 1985 年日本 GDP 的 0.75%,是筑波世博会直接支出的 1.9 倍[15]。

综上所述,人们在会展业对城市经济总量的影响的评估上主要通过实证的方法,通过直接经济效益,即销售额、总收入增长量,或间接的相关产业收益的具体数值的比较来支撑自己的观点。这些积极的分析结论为很多城市相关部门带来了发展会展业的动力,也为他们构建宏大的会展场馆提供了理论支持,也由此催化了全球多地出现"会展热"的现象,但是关于这样的结论是否具有绝对性,也有些学者提出了质疑。

2. 消极的经济影响评估

有很多学者已经在思考,这样可观的经济收益是否属实。克朗普度(Crompton,1999)认为我们对于会展经济的拉动效应的评估过高,究其原因,是因为在计算会展业发展给城市经济带来的影响时,加入了一些非会展经济因素带来的收益,例如,当地居民、过境者和偶然来到的人以及与会展事件无关的旅游者在会展活动期间所进行的消费。学者认为,应该排除这些因素来计算会展活动给经济带来的影响才是科学合理的[16]。马瑟森(Matheson,2002)给出了类似的原因,他认为,忽略挤出效应的经济计算,会带来膨胀的经济影响估计。很多会展活动都是在热门的旅游景区举办，如果正值旅游旺季，那么这时的会展观众消费仅仅是一种消费转移，而不是在常客基础上的补充消费[17]。穆莱斯（Mules，1998）也认为只有计算与会展活动有关的"新钱"（New Money），即会展活动有关的消费支出，才能正确地反映会展活动的乘数效应[18]。

对此不少学者也通过实证的方法证实了自己的观点。曹永凯（2006）在详细分析一般均衡模型（CGE）的基础上，使用该模型对2008年北京奥运会经济进行了详细的计算，并推算了奥运会后2010年北京经济的变化，他认为奥运会后，北京的经济增长速度有减缓趋势，从2002—2008年的13.6%减少到2008—2010年的10.5%，因此，奥运经济并非最初预言的结果[19]；德维尔（Dwyer）、福塞斯（Forsyth）和斯普尔（Spurr）（2005）同时使用了投入产出模型和一般均衡模型（CGE模型）计算了特殊节事对地区、州和全国产生的经济影响，并将这两种评估模型得出的结果进行对比，得出CGE模型评估的内容会更加复杂，它可以评估会展活动带来的负面影响，所以其计算得出的各项乘数小于I-O模型的乘数，而投入产出模型没有考虑产业间的互动关系，所以对举办地生产总值的影响就被夸大了[20]。

必须要指出的是，这里消极的经济影响评估并非否定会展经济的带动作用，而是站在更加细致和全面的角度来分析会展业经济带动作用的普适性。关于多方争议出现的原因可以归结为以下几点：①由于目前国家统计局并没有专门的会展行业的统计数据，而有些会展行业的官方数据的真实性存在有待考证等局限，使得会展行业的有关研究存在很大的难点。②会展活动本身具有一定的复杂性，其种类繁多，涉及的群体类型也多种多样；同时，行业间的边界划分并不是十分清晰，使得有些学者在统计和分析时，很难将有效和无效的数据清楚地区分开来。③会展业的本质就是一个信息交流的平台，任何行业都可以通过会展活动来交流和传递信息，而行业之间的异质性很强，企业的经营效益差别性也很大，不同的会展活动因为其本身行业群体的差异使得其可能产生的经济效应也受到影响。④学者在选择和理解会展活动的经济分析要素时各有看法，使得对于同一会展活动的经济影响评估可能形成截然不同的结果。

总之，无论是消极的还是积极的经济影响，会展业都对相关城市的经济产生了一定的作用，在城市出现了一系列的经济现象，为城市和居民带来了不一样的经济体验,为此会展活动的经济影响也是不可否认和磨灭的。

表6-1 会展经济影响主要研究方法汇总

研究方法	代表作者	主要观点
I-O模型分析法	罗秋菊等	节事活动对城市经济具有很强的带动效应
CGE模型分析法	曹永凯	2008年奥运会经济未达到预期效果
成本-收益分析法	Mc Hugh	2010年奥运会对温哥华的经济影响是负面的
比较法	Dwyer等	CGE模型评估会展经济影响考虑因素更全,I-O模型夸大了经济影响
问卷调查法	刘大可等	展览业对北京经济影响有四个维度
回归分析法	孟凡胜等	会展经济与城市经济的影响因素之间具有正相关性
文献研究法	王起静	会展经济影响有一个评估框架

(二)对产业结构的影响

会展业其本质就是多方经济体展示的平台,其在运作的过程中也与很多产业进行互动。综合相关文献,发现会展经济对城市产业结构的影响主要表现在三个方面:对相关产业的带动作用;产业结构的优化;相关产业间的融合。

1. 对相关产业的带动作用

会展经济的发展与第三产业的关联度最强,它为交通、旅游、广告、装饰、边检、海关、保险以及餐饮、通信等诸多部门及相关产业提供业务活动,刺激这些产业的业务需求,两者呈现的是正相关的关系且能够产生关联倍增效应。对此,有学者通过不同的方式论证了这个观点。例如,余向平(2006)从理论的角度认为会展业既具有产业带动效应,又具有产业聚集效应,认为会展业的发展会带动交通、通信业、旅游业、零售业和酒店业的发展;并且使用凯恩斯有关投资、需求、消费和收入对经济产生作用的经济学原理分析了会展业的产业的乘数效应,同时也使用了萨缪尔森经济学乘数与加速效应相互作用原理作为补充,进一步验证了自己的观点[21]。市场经济(Market Economics)公司(Market Economics,2003)则通过实际的数据分析来佐证自己的观点,它用2003年的投入—产出模型对2000年的相关数据进行了计算,对比了2003年和2000年"美洲杯"帆船赛对新西兰的经济影响,得出了这一节事活动对主要举办地的住宿、航空、建筑以及造船与配套服务4个行业产生了影响。例如，2000年花在建设方面的费用达到6600万美元，占到直接支出总额的14%，而2003年降至2100万美元，仅占直接支出总额的4%；而造船与配套服务在直接支出总额中所占的比例由2000年的13%（6300万美元）上升为2003年的24%（1.29亿美元）[22]。同样地，罗秋菊、庞嘉文和靳文敏（2011）在评估104和105届广交会对广州市的经济影响时，也指出广交会对相关行业的间接带动效应为107.98亿元，主要带动的行业分别为：商务服务业、住宿业、批发和零售商务业、居民服务和其他服务业、餐饮业等[13]。

会展对产业经济的强势拉动，国际上有1:9的说法，即如果视会展活动所产生的直接收入为1的话，其带动交通运输、商贸旅游、餐饮住宿、媒体广告、金融保险、通信、娱乐等国民经济相关产业的收入将高达9。而对于这个"9"，在现实的经济现象中，它只是个概数，并不具有实际的意义。以上的文献也已证实此观点。会展业对城市产业的带动作用很大程度上取决于城市自身的经济发展水平和行业发展的成熟度，例如，经过实地考察，发现同样是旅游博览会，在西安举办的和在北京举办的其相关行业参与的力度就有所差异。同时，会展活动的差异性也会对其行业带动效应产生一定的影响，比如，盛大的体育赛事（奥运会、世界杯）与民族特色的节庆活动所能够带动的相关行业效应就有很大的差别。而这些相异点就会业对城市行业的带动作用能够产生多大的影响，以及是如何影响的，是未来学者们可以继续探究的问题。

2. 对产业结构的优化影响

会展业对城市产业结构的优化方面，主要体现在会展经济发展对其产业链延伸的重大的作用，一般来说，产业链的延伸可以表现在垂直的供需链和横向的协作链的变化。王起静（2006）认为会展业属于服务业，它与相关产业之间是一种横向关系或协作关系。她将会展产业链上的相关产业按照产业内链和产业外链进行划分，并据此从地理范围的角度分析了产业链的配套半径，她认为会展产业内链应该尽可能小，而会展产业外链应该可以考虑变大，会展城市应该根据实际情况完善本地会展业的产业链，以提高会展城市的竞争力[23]。余向平（2008）则同时介绍了两种延伸方式，他在对会展活动的上、中、下游的基本内容评估的基础上，重点分析了会展产业链的延展效应，并提出了会展产业链的"三效应"和"两个方面"：前关联效应、后关联效应和旁关联效应；包括会展业在内的整个第三产业内部的结构调整（即带动与会展产业相关的旅游、酒店和交通通信产业的发展)和除第三产业之外的第一、二产业的结构调整(通过"产内"结构调整,进而促进需求,带动第一、二产业的发展),以此促进整个区域的产业结构的优化[24]。也有学者对此研究进行了系统的整理和归纳。例如,吴开军(2011)通过对相关文献进行搜索,专门对会展产业链的外延和内涵进行了综述,并总结出了会展产业链的相关特征和性质,最后绘制了会展产业链的流程图(图6-2)和模式效应结构图(图6-3)[25]。

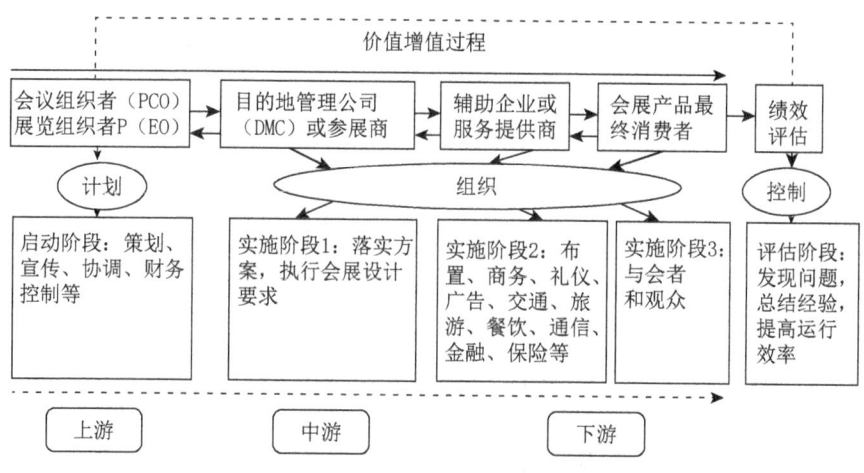

图 6-2 会展产业链流程示意[25]

注:细实线为流程线,粗实线为价值增值线;细虚线为反馈线,粗虚线为产业链上中下游关系线。

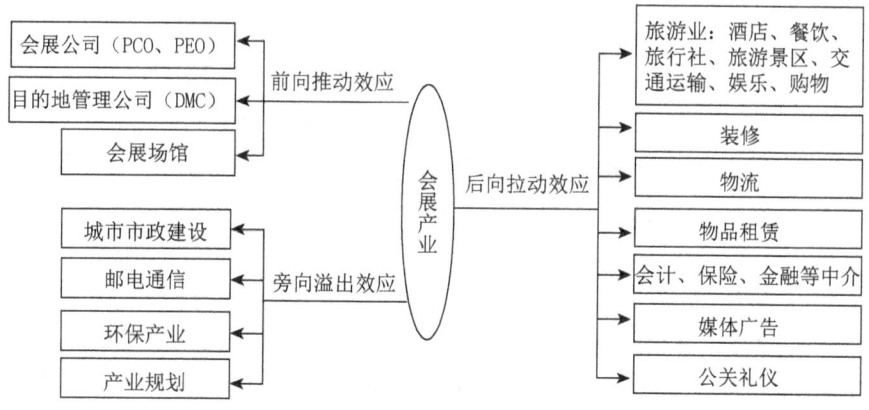

图 6-3 会展产业链效应示意[25]

由于会展产业具有很强的空间聚集性特点，其产生的产业链延伸和扩展效应原理主要是以某一会展活动作为核心，以会展产业运营商作为主轴来牵动一定地域范围内的上下游和前后向的相关行业的参与和支持，最终形成一种带有会展产业特质的网络状产业链运营机制。又因为会展业本身涉及的行业主体的复杂性，使得不同类型的会展活动所形成的产业链效应有所差别。例如，婚博会所产生的旁向溢出效应并不明显，而在旅游和装修等后向拉动效应上表现突出；环保类展览会或会议可能会在旁向溢出效应方面有所贡献。目前，学者们总结出的产业链模式和效应具有一定概括性，但具体到某一地区和某一会展活动，其产业链的具体形式或许有所变化，而这种变化是否具有一定的规律性以及如何呈现出这种规律性是未来学者们可以继续研究的方向。

3. 会展业融合影响

在会展业融合方面，目前研究最多的是会展业与旅游业的融合，如唐拉德·盖茨（Donald Getz，2008）；罗宾斯·托克斯（Robyn Stokes，2008）；朱华、游佳、张炬、张黎（2010）；王起静、高凌江（2013）；张昕妍、刘延松（2015）；等。国外很多学者将旅游与会展结合起来，称之为会展旅游（Event Tourism），因此，学者在做相关研究时认为两者是相互促进的。罗宾斯·托克斯（Robyn Stokes，2008）从会展旅游的角度对澳大利亚不同地区的会展业和旅游业的相互融合程度进行研究，分析其不同旅游业的发展状况，并认为应该将事件作为促进旅游发展的重要的目的地营销策略，以重大的事件的举办来促进境外旅游业的发展[26]。唐纳德·盖茨（Donald Getz，2008）按照时间的顺序和主题的顺序对有关会展旅游的专业文献进行梳理，明确了会展旅游的起源和发展，并提出了会展旅游的概念模型。在文章中，他说明了会展与旅游没有明显单位界限，同时认为会展旅游不应该是一个独立的专业领域，并通过图形的形式，清晰地表达了会展旅游属于会展与旅游的交叉部分，即二者的结合[27]。但 2015 年，唐纳德·盖茨（Donald Getz，2015）再次以时间的顺序在对文献进行回顾的基础上，结合 2008 年以后学者对这方面的研究，从商务会展与旅游、体育事件与旅游、节日文化庆典与旅游以及娱乐与旅游之间的关系的角度对会展旅游进行了更深入的研究和分析，并提出了新的看法：从本体论的角度应该将会展旅游与单纯的会展业和旅游业划清界限，使之成为一种单独的经济形式[28]。

近几年，国内关于这方面的研究也开始逐渐增多，研究重点主要集中于讨论融合的成因及过程等内容。朱华等（2010）以成都市为例，通过对会展业与旅游业的关系进行梳理，提出会展活动是会展旅游者前来的最基本前提，旅游业只是作为支持系统的一个组成部分在发挥作用，她认为促进会展业与旅游业产业的融合的原因主要有两点：一是增强会展核心的吸引力，二是注重旅游产业链向会展业的延伸[29]。王起静、高凌江（2013）从产业融合和产业边界理论的角度，对会展产业和旅游产业融合发展的内在机理、动因和相应对策进行了详细的论证，并从技术边界（技术创新）、业务边界（产品融合和产业链融合）、市场边界（产业的市场运作、市场营销、品牌整合与培育、资本运营）和运作边界（依托相同或相似的产业基础平台和配套条件）四个方面分析了两个产业之间的融合机理，最后提出了两者之间融合的对策[30]。张昕妍、刘延松（2015）与王起静等研究的结果类似，他们初步提出了会展业和旅游业融合发展的概念模型，分析两大产业融合发展的内在基础、主要特点、基本方式，并提出了推动两产业转型升级相关理论建议[31]。

除了旅游业以外，学者们还提出了会展业与其他产业的融合。马俊哲等（2010）在国内最早提出了在都市发展会展农业的建议，即将现代化农业与会展服务业结合而成的新型经济形态，并提出了三种会展农业的发展模式[32]。洪振强（2013）提出了文化会展业的发展战略，即将会展业作为我国文化产业发展的平台和引擎，并提出了文化会展业政府主导的运营模式[33]。韩国圣等（2009）采用访谈和问卷调查的方式分析了杭州休闲博览会对萧山房地产业产生的积极影响，并提出了"会展业+房地产业"的产业发展模式[34]。张勇顺、姜峰（2012）甚至阐释了北京会展业出现多个产业相互融合发展的趋势[35]。

从产业角度来看，产业融合可分为产业渗透、产业交叉和产业重组三类。通过搜集的参考文献来看，会展业与其他产业的融合更多地体现在前两种形式。例如，会展业与旅游业的融合即为产业渗透和产业交叉双重现象，两者是服务业下的子产业，通过相互间的紧密联系、相互支持进而形成了会展旅游这一新的产业形式；会展业与农业的融合体现了产业间的延伸特征，农业通过会展业的功能属性来改变传统的农业发展模式，形成一种新的以融合传播农业发展信息和利用独特方式展示农业产品为主的、全新的、服务性的会展农业发展模式；而会展业与城市文化产业以及房地产等行业的结合更多地体现了产业之间的扶持和帮助，会展业对于这些产业来说是一门工具，是各自产业进行信息传递和交流的一种营销手段和策略，这种融合的可实现性有待进一步考证。此外，是否可以将会展业与其他产业进行重组，形成一种全新的产业形式是未来值得期待的事。

（三）对城市就业的影响

会展经济对举办地城市的就业状况产生的影响，是与产业联动效应紧密联系的，每一次会展活动的举办都能够因诸多产业的人员需求而增加诸多就业岗位和就业机会。李智玲（2011）在详细分析了会展业相关带动效应的基础上，表明2006年，展览业为香港提供了相当于5.85万个全职职位，与2004年相比，平均每年增长达11%[36]。钱恩（Chon，2009）通过具体数据计算了展览业给韩国相关地区带来的经济影响，并且通过乘数效应理论分析得出其经济收益对象分别是出口、就业、居民收入和国家税收增加[37]。而英国联邦展览联合会采用一种按面积评估的方法，它认为会展对就业的带动系数为10:1，即每增加1000平方米的展览面积，就可创造近百个就业机会，例如1996年在德国汉诺威举办的世界博览会创造了10万个就业机会[38]。

从具体的数字来看，会展业的就业拉动效应是积极有效的，但是从时序角度分析，会展对就业的影响应该分为即期影响和长期影响，即如果会展给社会带来的就业量的增加是一种"短期"的经济刺激现象，会展活动结束，这些就业人员可能又回归到原来的状态，也就是失去跟会展有关的工作［吉普森，（Gibson，1998）；穆莱斯（Mules，1998）］[39,18]。

会展活动在城市就业问题的缓解上发挥着举足轻重的作用，这种作用不仅是会展行业本身所带来的经济表现，而且还是会展业所带动的其他产业产生的就业需求。但是对于研究者发现的就业时效性问题，还是需要相关部门对此进行深入分析和合理解决，对于这方面的深入研究将对整个经济社会的发展具有重大的意义。

（四）对举办地税收产生的影响

国内关于会展业发展对举办地所产生的税收方面的影响的研究并不足，这方面的研究主要集中于国外，并且研究时间较早。图克尔（Turco，1995）

重点从税收的角度分析了重大节事活动所带来的积极的经济影响。以 1993 年 Kodak Albuquerque 国际热气球嘉年华公司（KAIBF 公司）在阿尔伯克基（Albuquerque）举办的热气球嘉年华活动为例，说明了该城市在此次的嘉年华活动中获得了 2 221 720 美元的毛收入和住宿税收，而新墨西哥（New Mexico）州获得了 1 323 237 美元毛税收收入和 900 041 美元的相关汽油税收。并表示，由于节事活动能够为政府带来巨大的收益，因此活动举办者在进行场地选择时能够与其进行要价。这也是目前最早以税收作为重点来研究会展经济影响的文章[40]。米斯蒂尔和德维尔（Mistilis & Dwyer，1999）在分析会展业对区域产生的分发式的影响时，也提到大型会议的举办在短期内能够为举办地带来一定的收入和工作岗位，以及相关税收的增加[41]。2011 年美国会议产业理事会（Convention Industry Council）发布的《会议业对美国经济的重大影响》（The Economic Significance of Meetings to the U.S. Economy）的研究中表明美国会议业分别给联邦政府带来了 143 亿美元、给州和地方政府带来 113 亿美元的税收收入[42]。王京秋、曹群（2007）以北京市朝阳区三大展馆为例，具体分析了会展业发展对税收产生的影响，认为目前北京市会展税收收入主要来自展馆运营和举办会展活动所产生的相关门票和展位租金税收。文章也说明了目前北京市的会展税收机制并不健全，税收征收难度较大[43]。

总体来看，会展业对税收增加有很大的作用，具体表现在展馆建设和运营税收、门票和展位租赁相关税收等。同时，我们也注意到由于会展业发展速度极快，而相关政策出台速度相对较慢，使会展税收的完善需要政府的引导和支持。根据《国务院关于进一步促进展览业改革发展的若干意见》（国发〔2015〕15 号）中提到的 "落实小微企业增值税和营业税优惠政策，对属于《国务院关于推进文化创意和设计服务与相关产业融合发展的若干意见》（国发〔2014〕10 号）税收政策范围的创意和设计费用，执行税前加计扣除政策……" 的有关规定，未来会展业税收问题将会有据可依[44]。

（五）对城市基础设施建设产生的影响

会展业作为一种服务产业，它的运行与发展离不开多种基础设施的支持，所以其对城市基础设施产生的经济影响主要表现在城市对基础设施建设的投资上。

牛迪（2013）在研究呼和浩特会展业的发展时，提到为了 2008 年北京奥运会的顺利进行，被用于奥运会基础设施建设的资金高达 1800 亿元[45]。李忠（Choong-Ki Lee，2013）统计了韩国 1999—2009 年间会议和国外参观者的数量，表明快速增长的会议市场需求使韩国很多城市都争相建设会议场馆和设施，为此带动了会议城市的基础设施建设[46]。查纳隆（J.J. Chanaron，2014）对类似奥运会、世界杯这样的巨型赛事活动对地区产生的影响进行了梳理，肯定了这类赛事活动会对举办地的城市形象提升、基础设施建设、吸引投资和就业等带来益处[47]。

在支持会展业对城市基础设施建设方面的贡献的同时，一些过度盲目的投资建设现象也使很多学者表示担忧。科克（Kock）等（2008）认为我们还是要注意理性分析对会议场馆投资的公共资源能够为城市带来的长期经济收益如何[48]。灰默根（Ash Morgan）和西蒙·康德利夫（Simon Condliffe，2008）表示美国会展场馆建设热是从上个世纪 90 年代开始的，关于会展中心建设的研究也由此开始，它在肯定会展业投资建设能够给城市带来经济收益的同时，也表示不少学者已经发现事实情况并非如此[42]。特克尔（Turkel，2002）则明确表示，目前的会展场馆投资建设过多，已经超过了市场的实际需求[49]。桑德斯（Sanders，2004）与其观点类似，表示会展举办城市并没有感受到会议中心给它带来的经济益处。究其原因，越来越多的会议中心的出现，使得很多场馆为了增加出租率，经常是降价对外招展，从而导致利润下降[50]。国内学者李士虎（2012）也认为目前很多城市投资巨款建设豪华会展中心，但是其场馆利用率低下，市场效益微乎其微，甚至有的城市的这种行为，仅仅是该城市政府的形象工程，这种巨额花销只会导致资源的浪费[51]。

当然，也有少数学者［巴德（Baade，1996）；诺尔（Noll）和津巴利斯特（Zimbalist，1997）］通过研究发现，城市会展业基础设施建设与本地区经济发展没有直接的关联[52, 53]。

基础设施的建设和完善是会展业得以发展的基本前提，而会展业对城市经济的影响之一就是与建设会展场馆、完善交通和酒店住宿条件之间建立的一种循环因果关系，即会展业的发展必然会促使一座城市建设相应的配套设施，而相应的配套设施的完善也可能会为会展业的发展壮大提供动力。但是目前有学者已经通过很多数据论证，仅仅为了会展业的发展或某一节事活动而导致的需求过剩而去建设一些辅助设施是一种不理智的行为。甚至有的城市建设高大辉煌的场馆仅仅是作为一种地区地标式的建筑呈现给世人观看。诸多现象使得我们今后不得不思考这种因果关系的强弱程度到底是怎样的，又该如何界定和考虑。

（六）对城市综合竞争力的影响

会展业发展对城市综合竞争力的影响往往不是直接的，而是通过一系列相关连带作用形成的。程建林、艾春玲（2008）运用城市竞争力"弓弦箭模型"分析框架，选取了会展城市竞争力综合评价指标，并构建了我国会展城市竞争力模型，对2005年我国的22个城市进行了实证分析。根据城市发展会展经济对城市功能与空间结构影响的研究表明，会展经济适应并推动了城市经济结构的转型，提升了城市功能，从而提高了城市竞争力[54]。刘筱柳（2008）重点研究了会展经济与城市竞争力之间的内在关系，认为会展经济可以增强城市的经济实力，推动区域经济结构的优化，以及相关生产要素的流动，进而带动城市经济的协调发展，从而提高会展城市的综合竞争力[55]。陈燕（2012）从会展业与城市营销双向良性互动的角度来分析，把成功的展会看作是一则城市广告，以此来提升城市的知名度和影响力，这会使会展城市在会展活动竞争上更具有竞争力，进而形成独具特色的会展品牌，城市竞争力的提升也会为城市会展经济的繁荣带来机遇，从而形成环状向上的螺旋链，使得会展业与城市的发展互动共荣[56]。

首先，城市综合竞争力一直是测量会展业对城市经济影响大小的重要指标，而城市本身的竞争力也是其举办各种大型赛事的重要基础，因此两者是相辅相成的关系。其次，整个城市竞争力的形成不仅仅是会展业这一单一产业的作用，这是由会展业所带动的相关产业一起联动作用才能产生的效果。最后，不同类型的会展活动所带来的影响力也千差万别，综合相关研究以及现实情况，大型体育赛事和重要的国际会议、博览会所产生的品牌营销效果最大，由此所产生的综合竞争力对举办地城市来说是十分巨大的。所以，在讨论这一方面的问题时，需要结合城市自身实力、会展活动本身特点，以及其他客观条件来思考才会得出更客观的答案。

（七）对城市产生的其他经济影响

会展经济是一种综合的经济活动，其产生的经济影响也是复杂多样的。除了对城市的经济总量、产业结构、就业、税收、基础设施建设和综合竞争力这些与经济直接挂钩要素产生经济影响以外，会展业的发展也会对城市经济产生其他的影响。

很多学者［艾辛格（Eisinger，2000）；科克（Kock）、布莱特（Breiter）、哈拉（Hara）、迪皮特罗（Dipietro），2008；李（Lee，M）、李（Lee，K），2006；拉姆·希尔斯坦（Ram Herstein）、罗恩·伯杰（Ron Berger），2012；等］认为，会议举办场地基础设施建设不仅能够提高城市的形象，而且能够给当地居民带来很多的附加值，例如，便利的交通、友好的环境等。拉姆·希尔斯坦（Ram Herstein）和罗恩·伯杰（Ron Berger，2013）重点研究了我国2008年奥运会的举办对北京的城市形象产生的影响的评估。他们认为政府投入的巨额资金用以建设与奥运会有关的基础设施，更多的不是为了短期回收经济利益，而是一种经济实力的展示，是一种城市美好形象的树立，更是一种长期投资[57]。但是也有学者看法不同，凯（King）、皮萨姆（Pizam）和米尔曼（Milman，1993）在他们对楠迪、斐济的199个家庭进行访问后，指出了会展所带来的旅游活动存在的负面影响包括：通货膨胀、城市示范效应、交通拥挤和犯罪率上升等[58]。

四、会展业对城市经济影响内容的研究框架

结合以上63篇国内外文献的综述和相关资料的查阅，可以得到关于会展业对城市经济影响内容研究的一般框架（图6-4）。会展经济与城市整体经济的增长、产业结构的优化（包括资源的配置、产业链的延伸以及产业融合）以及城市品牌和竞争力的提升之间是环形发展的关系，即两者是相互影响、相互促进的循环作用关系。同时，会展业也会对城市基础设施的建设、就业率以及商品物价产生一定的影响，包括临时就业的增加、基础设施建设的完善、税收收入的增加等积极影响，但也有物价上涨以及长期内的就业率波动等消极影响。

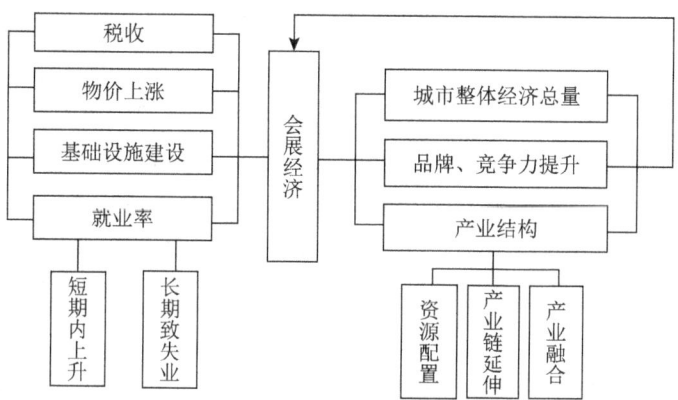

图 6-4　会展业对城市经济影响内容的研究框架

五、总结

国外对会展经济的研究早在上个世纪七八十年代就已经开始了（刘民坤、刘人怀，2009），而我国对其研究相对较晚，但是发展很快[59]。目前关于会展业经济影响的研究是学术界较热门的研究课题。随着研究的深入，关于会展业经济影响的不同观点在不断增加，学术界的争论也越来越激烈。综合参考文献，可以总结为以下几点：

①在研究方法上，为了使评估结果尽可能的客观准确，学者们在测量方法和数据选取上都有很深入的思考，但仍会有对同一会展活动的评估结果出现异化的可能。马塞森（Martheson，2004）对其给出了两点解释：其一，学者选择的直接经济影响净值界定标准不统一，也很难准确将直接经济影响中的其他因素剥离出去而得出净值，从而造成结果被高估或低估；其二，在评估方法上，不同的学者在消费样本的抽取上存在差异，而在计算的过程中，对于数据的处理也有不同[60]。王春雷（2008）认为，由于重大活动的经济影响受到多方关注，因此在主办方所做的官方陈述中，由于考虑到活动利益问题，有很多数据可能存在偏差或者是不可测量的[61]。本文认为除了这些因素以外，目前会展业并没有独立的官方统计数据也给学者们的研究增加了难度。如此热门的研究课题却没有更为客观准确的测量手段和有效的数

据是目前会展经济研究的重大瓶颈,如何解决是今后学术界必须予以重视的问题。

②在经济成分的划分上,由于不同的学者对指标的选取和解释的不同,也可能使对经济影响的评估出现莫衷一是的结果。例如,虽然很多学者将就业率、竞争力和品牌形象的提升定义为会展业对城市的经济影响,本文也采取了这个观点,但也有学者持有不同看法。唐纳德·盖茨(Donald Getz,2010)在对节事活动的研究领域进行综述时,就将品牌形象问题与经济影响区别开来[61]。

③由于会展活动本身的复杂性和多变性,使得会展经济的效应会从地域上、类型上、规模上和性质上产生不同的变化,而评估者也会因为这些原因,以及出于便于分析和讨论的考虑,在选取指标和研究方法上有所改变。而这种改变所带来的结果就是众说纷纭的影响数值是否会具有可靠性,这也为学者们在进行总结相关规律时带来很大的挑战。

在会展业对城市经济影响的性质上,大多数学者认为应该是积极性的,但是也有学者从其他角度探讨时,认为它的消极成分不容忽视。以北京2008年的奥运会为例,曹永凯(2006)从微观的角度对2008年的奥运会经济的供需平衡和产业结构进行计算并推算奥运会后2010年北京经济的变化,认为奥运会后,北京经济增长有下滑趋势[17]。而拉姆希尔斯坦和罗恩伯杰(Ram Herstein and Ron Berger,2013)从宏观的角度出发,重点突出2008年奥运会的举办对北京的城市形象产生的积极影响的同时,也预计奥运会经济效应会从下一年度开始发挥作用[58]。

总体来看,首先,目前学术界对于会展经济影响的研究已经很成熟,形成了一定的研究和评估框架。并且已经有学者开始跳出整体经济影响的宏观评估,开始逐渐探究经济组成部分的细化研究,例如专门研究会展活动对税收的影响、会展活动期间的物价问题以及会展活动在产业融合上的作用等,这将是未来这类研究的必然趋势。其次,由于会展业具有一定的提升城市形象的作用,使得很多城市盲目地建设会展场馆用以获取政绩,这造成了资源的极大浪费,而这种资源浪费的严重程度有多大,如何杜绝,或者如何让这些"形象工程"变成实际的经济拉动的巨头,是我们今后需要解决的问题。最后,如今互联网技术日新月异,"互联网+"是时代的新话题,这也是会展业进一步发展的新的机遇,在新的时代背景下,如何有效地利用互联网技术来扩大会展业的经济影响也将是学者们继续深入探讨的新话题。

参考文献

[1] 胡萌, 王海玉. 城市会展业对城市经济增长的影响评价——理论分析与评估模型[J]. 青岛科技大学学报（社会科学版）, 2010（3）: 27-31.

[2] Braun B. M.The economic contribution of conventions: The case of Orlando, Florida [J]. Journal of Travel Research, 1992, 30（3）: 32-37.

[3][13] 罗秋菊, 庞嘉文, 靳文敏. 基于投入产出模型的大型活动对举办地的经济影响——以广交会为例[J]. 地理学报, 2011（04）: 487-503.

[4] 张学高, 扶涛. 我国会展产业的发展及带动效应分析[J]. 现代商业, 2009（09）: 23.

[5] 过聚荣. 会展导论[M]. 上海: 上海交通大学出版社, 2006: 1-340.

[6] 程红, 等. 会展经济: 现代城市"新的经济增长点"[M]. 北京: 经济日报出版社, 2003: 1-329.

[7] 马勇, 肖轶楠. 会展概论[M]. 北京: 中国商务出版社, 2004: 1-267.

[8] Solberg H. A, Andersson T. D. & Shibli S.An exploration of the direct economic impacts from business travellers at world championships [J].Event Management, 2002（7）: 151-163.

[9] Crompton J. L., Mckay S. L. Measuring the economic impact of festivals and events: Some myths, misapplications, and ethical dilemmas [J]. Festival Management and Event Tourism, 1994, 2（1）: 33-43.

[10] 王起静. 事件经济影响研究述评——一个评估框架[J]. 旅游科学, 2009（04）: 57-63.

[11] 刘大可, 李美. 展览业对北京市的经济影响分析[J]. 北京第二外国语学院学报, 2009（07）: 6-12.

[12] Lee, C., Taylor, T. Critical reflections on the economic impact assessment of a mega-event: The case of the 2002 FIFA World Cup[J]. Tourism Management, 2005(26): 595-603.

[13] 孟凡胜, 宋国宇, 井维雪. 会展业发展的影响因素及对城市经济影响的实证研究[J]. 技术经济, 2012（04）: 32-37.

[14] 李铁成, 刘力. 区域间投入产出模型（IRIO）的我国会展业经济影响分析[J].

旅游学刊，2014（06）：34-45.

［15］Crompton J. L. Measuring the economic impact of visitors to sports tournaments and special events［R］.Ashburn，National Recreation and Park Association，1999.

［16］Matheson V. A.Upon further review：An examination of sporting event economic impact studies［J］.The Sport Journal，2002，5（1）：1-6.

［17］Mules T .Taxpayer subsidies for major sporting events［J］.Sport Management Review，1998，1（1）：25-43.

［18］曹永凯.北京市产业结构高度化研究［J］.北方经济，2006（02）：10-11.

［19］Dwyer D., Forsyth P & Spurr R.Estimating the impacts of special events on an economy［J］.Journal of Travel Research，2005（43）：351-359.

［20］余向平.会展业的产业带动效应及其经济学分析［J］.商业研究，2006（350）：173-176.

［21］Market Economics Ltd.Comparison of america's cup economic impacts 2000-2003［R］.Prepared for Ministry of Tourism，2003（17）.

［22］王起静.会展产业链、配套半径和产业竞争力［J］.中国会展，2009（19）：47-49.

［23］余向平.会展产业链的结构及其产业延展效应［J］.商业研究，2008（08）：92-94.

［24］吴开军.会展产业链刍议［J］.科技管理研究，2011（03）：168-170-177.

［25］Robyn Stokes，. Tourism strategy making：Insights to the events tourism domain［J］.Tourism Management，2008，29（2）：252-262.

［26］Donald Getz.Event tourism：Definition，evolution，and research［J］.Tourism Management，2008（29）：403-428.

［27］Donald Getz.Progress and prospects for Event tourism research［J］.Tourism Management，2015（52）：593-631.

［28］朱华，游佳，张炬，张黎.成都会展旅游产业融合：评价与探讨［J］.国际经济合作，2010（01）：89-92.

［29］王起静,高凌江.会展产业和旅游产业融合：机理和对策［J］.中国经贸导刊，2013（29）：51-52.

［30］张昕妍,刘延松.会展业和旅游业融合发展初探［J］.中国经贸导刊，2015（13）：54-57.

［31］马俊哲，张文茂，刘树，鄢毅平，朱京燕，李颖，王弢.对北京市发展会展农业的若干认识与建议［J］.北京农业职业学院学报，2010（02）：15-18.

[32] 洪振强.当前我国文化会展业发展战略研究[J].江汉学术,2013(03):63-70.

[33] 韩国圣,李辉,王成武.杭州休闲博览会对萧山城市发展的经济影响初探——以房地产业为例[J].华东经济管理,2009(08):16-19+23.

[34] 张勇顺,姜峰.北京会展业呈现多业融合趋势[J].投资北京,2012(11):49-51.

[35] 李智玲.会展业的带动效应研究[J].经济管理,2011,33(6):125-131.

[36] Samuel Seongseop Kim, Kaye Chon.An Economic Impact Analysis of the Korean Exhibition Industry[J].International Journal of Tourism Research, 2009(11):311-318.

[37] 刘宗太,杜伟.我国发展会展经济存在的问题及对策[J].河南省情与统计,2001(02):41-43.

[38] Gibson H.Sport tourism: A critical analysis of research[J].Sport Management Review,1998,1(1):45-76.

[39] Turco, D. Measuring the tax impacts of an international festival: Justification for government sponsorship[J]Festival Management and Event Tourism, 1995, 2(3/4):191-195.

[40] Mistilis, N., Dwyer, L. Tourism gateways and regional economies: The distributional impacts of MICE[J].International Journal of Tourism Research,1999,1(6):441-457.

[41] Ash Morgan, Simon Condliffe.Measuring the Economic Impacts of Convention Center Sand Event Tourism[J].Journal of Convention & Event Tourism, 2007(4):81-100.

[42] 王京秋,曹群.会展业发展及其对税收的影响[N].中国税务报,2007-03-07(007).

[43] 中华人民共和国国务院.国务院关于进一步促进展览业改革发展的若干意见[EB/OL].http://www.gov.cn/gongbao/content/2015/content_2856598.htm.

[44] 牛迪.会展经济对城市发展的拉动效应研究——以内蒙古呼和浩特市为例[J].中国管理信息化,2013(15):40-42.

[45] Choong-Ki Lee, Myong Jae Lee and Seung-Hyun Yoon.Estimating the Economic Impact of Convention and Exhibition Businesses, Using a Regional Input–Output Model: A Case Study of the Daejeon Convention Center in South Korea[J].Asia Pacific

Journal of Tourism Research, 2013, 18(4): 330-353.

[46] J.J. Chanaron.Technology and Economic Impacts of Mega-Sports Events: A key issue? Exploratory insights from literature [J]. Mega trend Review, 2014(09): 9-30.

[47] Kock G., Breiter, D., Hara, T., Dipietro, R.Proposing a regional impact based feasibility studies fra-mework for convention centers: A quantitative analysis of the Orange County Convention Center (OCCC)[J]. Journal of Convention and Event Tourism, 2008, 9(4): 309-340.

[48] Turkel S. Convention-center growth requires better feasibility studies [J]. Hoteland Motel Management, 2002, 217(11): 61-62.

[49] Sanders, H. (2004). "A lot of hooey": Heywood Sanders on convention center economics. Retrieved July, 2006, from Field of Schemes Website: http: www.field of schemes.com

[50] 李士虎."贪婪"城市建造"饥饿"展馆[J].经济, 2012(11): 32-34.

[51] Baade R. A.Professional sports as a catalyst for metropolitan economic development [J]. Journal of Urban Affairs, 1996, 18(1): 1-17.

[52] Noll, R. G., Zimbalist, A. (1997). Sports, jobs, and taxes: The real connection. InR. G. Noll & A. Zimbalist (eds.), Sports, jobs and taxes: The economic impact of sports teams and stadiums, pp. 494-508. Washington, DC: Brookings Institution Press, 1997.

[53] 程建林, 艾春玲.会展经济发展、会展城市竞争力与城市功能提升[J].城市规划, 2008(10): 15-20.

[54] 刘筱柳.区域会展经济发展与城市竞争力提升[J].西南民族大学学报(人文社科版), 2008(04): 235-238.

[55] 陈燕.浅析会展业发展与城市竞争力提升的互动效应[J].全国商情: 分销时代, 2012(5): 14-16.

[56] Ram Herstein, Ron Berger. Hosting the Olympics: A city's make-or-break impression [J]. Journal of Business strategy, 2013, 34(5): 54-59.

[57] King B, Pizam A, Milman A. Social impacts of tourism host perceptions [J]. Annals of Tourism Research, 1993(20): 650-665.

[58] 刘民坤, 刘人怀.国外会展研究评述[J].未来与发展, 2009(06): 94-97.

[59] Matheson V. A., Baade R A.Mega-sporting events in developing nations: playing the way to prosperity [J].South African J Economics, 2004, 7(5): 1086-

1096.

［60］王春雷.国外重大活动经济影响研究［J］.旅游学刊，2008（04）：88-96.

［61］Donald Getz.The Nature and Scope of Festival Studies［J］.International Journal of Event Management Research.2010，05（01）：1-47.

第七章 旅游目的地节事活动管理

节事活动是一个新生事物，其发展必定是一个曲折、进步的过程，必定是一个边探索、边完善、边创新的过程。因此，在节事活动的发展过程中，管理出现问题在所难免。但是，对于节事活动发展过程中出现的问题和不足，不能仅靠其自身的摸索和总结，还需要从实践和理论上作出客观分析和理性透视。唯有这样，才能使节事活动在不断解决问题、克服不足中谋求新的发展优势。

一、节事活动的运作模式

管理、运作模式是节事活动所有筹办工作的体制和机制保障。管理体制是否科学合理、运转高效、体系规范，直接决定着节事管理的质量和成效。目前，国内大型节事活动的管理、运作模式虽不尽相同，但总体上不外乎以下几种模式。

（一）政府主办模式

从国内节事活动的发展历程来看，政府主办模式是我国节事活动普遍采用的组织方式。在这种组织模式下，作为主办方的政府在节事活动管理中扮演着主要角色，不仅节事活动的主要内容由政府来策划和决定，而且活动场地、时间、参加单位等皆由政府选择。这种模式经常适用于两种情况：一是节事活动处于初创期，正在培育长期的知名品牌，需要政府出面进行协调和支撑。我国现在知名的节事活动如青岛国际啤酒节、南宁国际民歌节在初创期都是由政府主办的。二是旅游节事作为公共营销手段或是塑造旅游目的地整体形象的举措，具有"公共品"的性质，具体的企业有"搭便车"的动机，故需要政府来主办这类节事活动。

这种管理体制的优点是能够充分发挥政府的主导作用，调动和聚集各种优势资源及优惠政策用之于办节。但是缺点也十分突出，特别是由于节事活动所需资金绝大部分依靠政府解决或政府指派某家企业赞助，时间一久，无疑便给政府或企业带来较大的资金负担，致使节事活动的经济效益和社会效益受到影响。

（二）部门主办模式

这种模式也是我国节事活动普遍采用的模式。在实践中存在两种形式：第一，在一些大型节事举办过程中，通过对节事活动的分解，由具体相关政府部门承办子活动。第二，一些影响力较小、内容相对单一的节事活动由政府某个部门主办。例如大连市旅游局主办的"大连赏槐节"。

从具体运作来讲，主办部门因为只是政府中的一个职能部门，协调能力有限，通常要建立地方各职能部门参加的组委会，在组委会的统一协调下，相关部门负责节事活动的策划、组织和运作。从效果看，这种组织方式的优点在于主管部门推动、分工明确、目标清晰。这种模式的缺点在于各个子活动之间苦乐不均、缺乏连贯性和一致性，从而影响了节事活动的举办效果。

（三）政府引导、社会参与、市场化运作相结合的模式

政府引导、社会参与、市场化运作，是目前国内正在积极探索的一种组织模式。虽然前两种模式目前还是我国组织节事活动的主流，但"政府引导，社会参与，市场化运作"的组织方式已经在我国许多地方开始实践。此种模式不仅可以节省大量的财政开支，而且可以扩大参节厂商的知名度，提高公众参与度，扩大社会影响，成效十分明显。

这种运作模式的突出特点在于专业、高效。政府是节事活动中最重要的主体，把握着节事活动的发展方向和定位，其主导作用具体体现在制订活动方案、组织重要活动、设计主要会场、开展对外宣传、提供各种必要服务和保障工作等方面；社会参与就是以节事活动本身为平台，充分调动社会各方面的力量参与办节，比如征求意见和建议、寻求参节厂商、营造节事氛围、鼓励社会各界参与各项活动等；市场运作则是按照市场经济的规律来运作节事活动，诸如节事活动的冠名权、经费、广告等，一般都采用招商或赞助方式，目的是吸引更多的厂商参加。

（四）市场化运作模式

这类节事活动的运作模式是在政府推动节事活动发展的过程中发展起来

的。它可以分为两种情况：一是企业立足自身需要，举办节事推介产品和树立企业品牌，如餐饮企业的"美食节"、香山景区的"红叶节"等；二是旅游企业把节事活动当作文化旅游产品进行包装和开发，如圆明园的"荷花节"、主题公园的各类"狂欢节"等。

从具体运作来看，企业自己办节事活动，是企业自己的经营行为，产权清晰，责权明确。在没有对外部造成负面影响时，应该积极鼓励。

由于我国各地节事活动的运作还处于摸索期，节事活动还带有一定的社会公益性质，新闻宣传、安全保卫、交通等一系列筹备工作涉及举办地的政府职能部门，在一定时期内难以脱离政府的支持，这就决定着完全走市场化运作模式必定存在着暂时难以解决的体制性障碍。通常在实践中这四类模式往往混合使用。各地政府如大连、青岛等地成立会展办公室或大型活动办公室对本地节事活动起到总体策划、总体协调、总体监督的作用。每一个具体活动由政府职能部门或企业分别承担。

二、节事活动的利益相关者

节事活动能否持久运作下去，取决于节事活动能否协调好其利益相关者之间的关系。节事活动不同的参与客体有不同的利益诉求和利益期望，只有在分析相关者利益的基础上，才能建立起新型合理的平衡机制，确保所有相关者的需求得以满足，实现各个维度的可持续。

节事活动的利益相关者有：当地政府、职能部门、运作企业、赞助企业、当地社区、媒体、旅游者等。众多利益相关者在节事活动中存在多元化的利益定位和利益预期。

表 7-1 各利益相关者的利益预期

利益相关者	利益定位	利益细分
当地政府	地区经济、社会、文化全面发展，政府政绩	提升当地形象，提高政府声誉，促进产业发展、地区就业，加强基础设施建设等
职能部门	地区及部门发展	工作部门业绩
运作企业	企业自身发展	企业的利益诉求，维系与政府的关系

续表

利益相关者	利益定位	利益细分
当地社区	社区的全面发展	弘扬文化传统、人际交往、休闲娱乐、增加就业
旅游者	旅游体验	真实性、参与性、独特性
媒体	自身发展	市场影响、政府关系
赞助企业	企业发展	销售增加、形象提升

（一）当地政府利益预期

在旅游节事中，当地政府视节事为"平台"，希望提升形象，促进经济发展。在改革开放之后，当地政府利益同当地经济发展更紧密地结合在一起。科学发展观提出之后，摒弃了唯GDP为标准的做法，当地政府利益同经济、社区、文化的全面发展结合了起来，但也不排除政府在约束监督不强的情况下有谋求私利的冲动。一般而言在节事活动中，地方政府的私利追求主要集中在四个方面：追求政绩，具体来说追求名次（综合经济实力排名、经济增长速度排名、地方财政收入排名等）；追求数字（引进外资金额、年接待旅游者人次等）；追求声誉（中国优秀旅游城市、全国卫生城市等）；追求影响（举办国际会议、重大节事等）。

（二）旅游者利益预期

美国学者盖茨（Getz，1991）曾把节事旅游者的基本需求归纳为三类：物质需求、社会或人际关系需求以及个人需求。所谓的物质需求是期望通过参加节事活动，获得一定的物质利益；社会或人际关系需求是社会属性的需求，为达到个人的社会满足以及融洽的人际关系等目的而参与节事活动；而个人需求却是一种最本质的、最原始的需要，来源于内心深处对节事的渴求。无论是哪种需求，节事旅游者作为节事活动构成要素中能动性最强的一个要素，他们的旅游偏好和选择制约着节事活动的发展方向。

（三）当地社区利益预期

旅游节事通常依赖当地文化传统和文化特色而展开，一方面，当地社区视节事为"群众活动"，追求文化传统的保留和期望增进社区人际交往，增强内部凝聚力；另一方面，又视其为"经济活动"，希望通过在当地企业就业，从旅游节事的经济影响中获益。当地社区往往在文化真实性和商业利益之间徘徊。

（四）赞助企业的利益预期

在旅游节事中，赞助企业的目的在于获得经济收益，通过促进企业发展、塑造品牌、产品推介、开拓市场从而获得经济收益的增加。即便是增进与政府的关系也是立足于经济利益的考虑。

综上所述，通过对旅游节事多个利益相关主体的分析，可以看出，旅游节事承载了当地政府、社区、旅游者以及赞助企业等多个利益相关者的不同利益预期，政府看重节事对当地经济文化发展的带动，社区追求文化传统的传承和分享，旅游者则追求体验的真实性，赞助企业当然更希望获得树立品牌和拓展市场的机会……这些多元化的利益预期导致了政府在举办节事的时候，倾向于对节事进行多元化的定位，既有文化保护的目标，又有经济受益的期望，因而形成了目前中国"节中有会，会中有节"，"节、会、展、演、赛"相互嵌套的节事策划风格。但是，这些多元化的利益预期之间，会存在一些天然的冲突和矛盾，需要兼顾。政府策划节事时试图满足各方利益的初衷却使得自己面临一个"困境"。政府对节事利益的多元化期待，使得节事既不可能是一个完全满足旅游者"真实性体验"的特色旅游产品，也很难具有可以提升赞助企业品牌的强大市场影响力，更难以满足社区对文化传统和经济利益的双重期待。在多方利益期待都没有得到充分满足的情况下，政府推动的旅游节事，承受了来自社区、旅游者、赞助企业等多方面的舆论压力，也面临社会公众的质疑和指责。然而，政府如何从困境中解脱，不仅需要政府在地区重大节事中有所作为，也需要政府从一般性节事中积极退出；不仅需要政府对地区节事发展做出全面、长远的规划，也需要引入专业化的管理队伍，对节事进行分门别类的管理，在发挥会议、展览类活动的经济效益的同时，让节日、庆典回归其应有的文化的内涵和欢乐的本质。

三、节事活动组织的基本原理

（一）整体性原理

整体性原理，就是节事活动各要素之间的相互关系，以及各要素与节事活动本身之间的关系，要以满足节事活动的整体需要为主进行协调，局部服从整体，使节事活动的整体效果达到最优。也就是说，节事管理必须从节事活动的整体着眼，部分着手，统筹考虑，各方协调，达到整体的最优化。从节事活动的整体来看，各项单体活动、筹备工作与活动本身存在着复杂的联系和交叉，大多数情况下相互之间是一致的，但有时候也存在着冲突。在现实情形中经常可以看到，有些节事活动为了片面追求内容的丰富，组织策划了一些背离节事主题和特色要求的活动，影响了整个节事活动的效果。为此，节事活动管理必须促使各项单体活动和筹备工作符合节事活动的整体要求，这样才有利于实现节事活动的整体效果。

（二）动态性原理

从节事活动的自身发展看，它始终是动态变化的，需要不断完善和创新，节事活动所包括的各项单体活动和具体工作也要不断改进。可以说，节事活动一直是在不断变化的动态过程中生存和发展的。因此，节事管理必须充分考虑节事活动的总体目标、活动内容、管理过程、办节机构、营销方式、政策规章等方面的时限性，在情况发生变化时适时作出相应的调整。只有这样，才能使节事管理树立超前观念，减少错误和片面，掌握主动，保证节事活动向期望的目标顺利发展。

（三）开放性原理

对外开放是节事活动发展的重要力量。这是因为每一个节事活动不仅汲取着举办地的文化传统和经济营养，而且同时以开放的姿态不断吸收和容纳着国内外的精华。正是这种海纳百川、兼容并蓄的开放特征，为众多节事活动创造了良好的生长条件和发展动力。同时，节事活动在开放条件下的不断变革演化，要求节事管理必须充分考虑外部环境因素所产生的种种影响，不断引进新的节事文化、办节理念、市场信息、现代科技等要素，提高节事活动的国际化水平。

（四）环境适应性原理

任何一个节事活动都不是孤立存在的，而是与当地的经济、社会、文化息息相关，与人们的需求紧密相连。如果适应这些外部因素的要求，则说明这个节事活动是具有生机和活力的；相反，一个不适应发展环境的节事活动，则是缺乏生命力的。同时需要说明，节事活动在受外部环境影响的同时，也通过自身的文化、经济等效应施加作用和影响于外部环境。因此，作为节事活动的管理者，既应清楚节事活动与外部环境之间的关系，又应冷静地看到自己的局限，实事求是地作出科学决策，为节事活动的发展创造更好的外部环境。

（五）空间辐射性原理

节事活动是多种要素的高度聚集，带动、辐射效应显著，对举办地具有相当的影响力。通常情况下，节事活动的影响范围不仅受其性质、规模、知名度等多种因素的影响，而且受到举办地与参节厂商、游客之间的距离的制约。需要指出的一点是，节事活动的档次、规模对其影响力起着决定性作用。一般而言，国际性节事活动的影响力明显强于区域性节事活动的影响力，综合性节事活动的影响力明显强于专项节事活动的影响力。

（六）时效性原理

一般而言，节事活动举办的历史越长，其知名度就越大；某些单体项目越固定，人们的认同感就越强。例如1991年首届青岛国际啤酒节仅吸引游客30多万名，历经15年的发展，其知名度和影响力越来越大，2004年第14届青岛国际啤酒节参者已突破290多万人次。其中每年一次的传统项目饮酒大赛更为游客所接受，成为节日期间的"金牌项目"。但是，节事活动的影响效果并不是随着举办历史的延长而均匀增加，而是符合指数函数规律的，即前几届效果增长速度较快，后来呈缓慢增长趋势。考虑到以上因素，在节事活动管理过程中，必须始终对每一届节事活动都进行高质量的策划和设计，尽可能地保留和固定一些为参与者所喜爱的传统项目，同时不断创新内容和形式，使节事活动越办越有吸引力。

四、节事活动策划设计的基本原则

节事活动的策划设计是节事管理的重要方面，必须遵循其自身发展所体现和要求的基本原则。只有这样，节事管理才具针对性、目标性、实效性，才能体现出高质量、高水平。分析国内大型节事活动，概括起来，其策划设计应当坚持以下几条原则：

（一）特色化原则

特色是节事活动在策划设计时必须充分考虑和体现的关键要素，这是增强节事活动吸引力和影响力的一个前提性原则。一般而言，节事活动应注意挖掘和突出四个特色，即民族特色、地域特色、文化特色、时代特色。这四个特色之间的关系不是非彼即我，而是交融互补，许多情况下同时体现在一个节事活动中。强调一点，特色化原则应当贯穿到节事活动的实质性内容之中，节事主题、活动内容、服务质量等方面都需做到有特色，使人耳目一新，这样才能形成自己的独特品牌。

（二）主题化原则

主题是节事活动的主旋律。任何类型的节事活动，都必须营造一个鲜明的主题，以主题为脉贯穿始终。只有主题明确，才能使节事活动的策划设计做到提纲挈领，形散而神不散。节事主题确定后，主办方应当紧紧围绕主题策划和设计具体方案。所有单体活动和具体内容一定要紧扣主题、突出主题、表现主题，使节事活动的每一个内容、每一项活动、每一个环节都为主题服务。

（三）大众化原则

正如西班牙潘普罗那市市长所述"节事的魅力不在于政府为奔牛节所安

排的各项活动,而在于亲临其境感受满街的人文气氛,在于与众多的能够参与并陶醉于节事的人群融为一体的机会之中",国际上著名节事最为普通的形式,是彩车加表演方队的大游行。盛大的游行队伍经过大街两侧,或搭建长长的观礼台,或设简单座位。成千上万的人早早地扶老携幼、结伴前往,人们把这种节事活动真正看作自己的节日。旅游节事要的就是这种普天同庆、万民同乐的节日气氛。旅游节事之所以是动态的旅游吸引物,就是源于人们希望看到美丽的玫瑰花车游行,看到西班牙狂奔的牛群,观赏璀璨夺目的烟火,同时也希望感受引以为豪、如痴如狂的当地人文气氛,并深深融入其中。

(四)市场化原则

节事活动作为一种经济活动,其重要目的之一就是要获得良好的经济效益和市场效果。因此,节事活动的策划设计必须遵循一定的市场规律,纳入市场经济的轨道进行市场化运作。尤其是节事活动的发展和运作机制更应当在市场经济规律的框架下,强化成本与利润、投资与回报、效率与效益的意识,建立和完善起市场化的运作机制。这是节事活动经久不衰的内在动力,也是节事活动成长发展的重要保证。近年来,国内许多地方都在探索节事活动市场化运作的发展模式。青岛国际啤酒节"政府主导,社会参与,市场运作"的"以节养节"模式,就是节事活动与市场化运作有机融合的较为成功的案例之一。从第10届青岛国际啤酒节开始,政府已经不再投入专项资金,所有办节经费全部来自活动冠名权、广告赞助、啤酒摊位租赁等方面的收益,步入了自给自足、循环发展的良性轨道。

(五)产业化原则

节事活动之所以被上升到产业的高度,是因为它能通过辐射拉动的效应,创造巨大的有形资产和无形资产。因此,节事活动的策划设计,要围绕着对节事活动的有形资产和无形资产的开发来进行,结合拉长节事活动的产业链来推进。以青岛国际啤酒节为例,目前已逐步形成以啤酒节为带动的项目策划、招商、广告、会务、展览、纪念品制作,以及餐饮业、住宿业、旅行社业、交通业等多个产业联动发展的节事经济产业链。

（六）效益化原则

任何节事活动，都必须注重效益。衡量一个节事活动水平高低的标准和尺度，关键是看其所产生的效益。首先，要使节事活动达到经济效益和社会效益的有机结合。比如青岛国际啤酒节，近年来在活动内容的策划设计上一直注重培育城市精神、提高居民素质、推动旅游业高质量发展、活跃地方经济等方面的要求。其次，要体现出近期效益和远期效益的有机结合，既要保证节事活动对旅游业、商贸业、酒店业等方面的近期的显性的效益，又要实现节事活动对优化城市环境、提升区域形象、提高人的素质等方面的长期的隐性的效益。最后，要体现出单体效益和综合效益的有机结合。诸如节事活动宣传、接待等单项工作，就某一个方面来讲，经济效益可能不甚明显，但是从总体上看，它为节事活动的效益提升创造了必备的基础条件。因此，在评估节事活动的整体效益时，不能忽视单体效益对综合效益的贡献。

（七）固定化原则

节事活动的形式和内容是在动态发展中逐渐确定、规范下来的，比如举办时间、举办场所、举办形式、主要活动内容等。这些形式和内容的固定使得人们对参与节事活动成为一种惯性，不仅提高了人们对节事活动的认同感和接受度，而且成为打造节事主题的关键管理因素和节事活动产业化的基本条件。西班牙奔牛节每年7月8日至7月14日，156项活动分布在潘普罗那市各固定的空间和时间里，从早晨8时至深夜24时，遵从时间的精确性年复一年，持续多个世纪。这些活动对于当地市民来说早已家喻户晓，深入人心。市政府为此印制大量的日程表和节目单，为的是使远道而来的各国游客凭着这些《节目指南》选择自己最喜爱的项目参加。同样，每年新年来临之际，在美国洛杉矶帕萨迪那市科罗拉多大道上能观赏到盛大的花车游行，百年不变。这种确定性是吸引和招徕四方游客的先决条件，也是著名节事获得巨大效益的成功秘诀。

（八）系列化与品牌化原则

节事活动的系列化运作要依据传统性、文化性、综合性和动态性的特点，以形成不同时间尺度、不同规模等级的系列节事活动。系列化运作包括节事活动类型的多样化和活动时间的系列化两个方面。活动类型多样化是指一个城市的节事活动应该形成大型节事、特殊节事、标示性节事、社区节事等相互协调、互为补充的不同类型；活动时间系列化则是指在考虑适宜出游时间、活动内容、季节性的前提下，使各种节事活动在一年中形成系列分布。而节事活动品牌化运作包括产品化、制度化、产权化三个方面。产品化即把节事活动作为一个产品，打造成为城市营销的品牌；制度化即建立和完善节事产品开发与创新体系；产权化则特别注重节事活动品牌的注册与知识产权保护，建立专业的节事活动策划与运作公司。